4차 개정판

어린이

훈민정음

기초 문법

띄어쓰기

발음

맞춤법

3-2

4차 개정판 어린이 훈민정음

독서	**계획대로 차근차근 읽어요**	5
	사물놀이 · 책 · 어디일까요? · 무슨 낱말일까요? · 비슷하게 생긴 식물과 동물	
1과	**경험과 관련지으며 이해해요(1)**	10
	해산물 · 어떤 느낌일까요? · 무슨 낱말일까요? · 준말 · 운동의 장점 · 어제 뭐 했어? 축구에서 쓰이는 말 · 십자말풀이	
2과	**경험과 관련지으며 이해해요(2)**	19
	–지 · 누구일까요? · 언제일까요? · '너머'와 '넘어' · 꾸며 주는 말 · 낱말 뜻풀이 · 비슷한말 바르게 쓰기 · 원고지 쓰기	
3과	**유창하게 읽고 발표해요(1)**	28
	음식 · 흉내 내는 말 · 다의어 · 낱말 뜻풀이 · 질병 · 한옥과 나무	
4과	**유창하게 읽고 발표해요(2)**	37
	시골길 · 태권도 · 꾸며 주는 말 · 바르게 쓰기 · 무슨 낱말일까요? · 무슨 뜻일까요? · 원고지 쓰기	
5과	**정확하게 글을 써요(1)**	46
	여러 가지 병 · 설명하는 글을 써요 · 이어 주는 말 · 같은 소리, 다른 뜻 · 낱말 뜻풀이 비슷한말, 반대말 · 꾸며 주는 말 · 바르게 쓰기	
6과	**정확하게 글을 써요(2)**	55
	연극 · 외국에서 들어와 쓰이는 말 · 다듬은 말 · 무슨 낱말일까요? · 움직임을 나타내는 말 다의어 · 바꾸어 쓰기 · 원고지 쓰기	

매체	**온라인 상황에서 글을 써요** ·· 64
	인터넷 · 우리 문화 · 무슨 낱말일까요?

7과	**서로 존중하며 대화해요(1)** ·· 68
	누구일까요? · 끝말잇기 · 높임 표현 · 무슨 뜻일까요? · 외국에서 들어와 쓰이는 말
	꾸며 주는 말 · 십자말풀이

8과	**서로 존중하며 대화해요(2)** ·· 77
	대화 예절 · −거리다 · 같은 소리, 다른 뜻 · 무슨 낱말일까요? · 흉내 내는 말
	비슷한말, 반대말 · 원고지 쓰기

9과	**사전으로 여는 세상(1)** ·· 86
	말놀이 · 어울리는 말 · 딸기는 어때? · 낱말의 종류 · 무슨 낱말일까요? · 꾸며 주는 말
	마음 · 낱말 뜻풀이

10과	**사전으로 여는 세상(2)** ·· 95
	세계 지도 · 어디일까요? · 사이시옷 · 국어사전에서 낱말을 찾는 방법 · 낱말의 기본형
	마− · 원고지 쓰기

11과	**감상과 표현의 즐거움(1)** ·· 104
	외래어 · 화재 · 무슨 낱말일까요? · −기 · 꾸며 주는 말 · 무슨 뜻일까요? · 바르게 읽고 써요

12과	**감상과 표현의 즐거움(2)** ·· 112
	수영 · 끝말잇기 · 몸 · 같은 소리, 다른 뜻 · 급식 시간 · −하다 · 비슷한말, 반대말
	'양'과 '량' · 원고지 쓰기

	부록 · 정답과 해설

"말이 오르면 나라도 오르고,
말이 내리면 나라도 내리나니라.

문명 강대국은 모두
자국의 문자를 사용한다."

– 주시경

독서 계획대로 차근차근 읽어요

1 사물놀이

 네 사람이 각각 다른 악기를 들고 연주하며 즐기는 놀이를 사물놀이라고 합니다. 다음 그림과 설명을 보고, 사물놀이에 쓰이는 전통 악기 이름을 빈칸에 쓰세요.

(1)  놋쇠(금속의 종류)로 작고 둥글게 만들어 끈을 단 뒤, 손으로 들고 채로 쳐서 소리를 내는 악기.

(2)  놋쇠로 넓고 둥글게 만들어 끈을 단 뒤, 손으로 들거나 틀에 매달아 놓고 채로 쳐서 소리를 내는 악기.

(3) 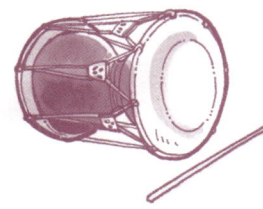 가운데가 가는 나무통의 양쪽에 동물 가죽을 팽팽하게 묶어 놓고, 손이나 채로 쳐서 소리 내는 악기.

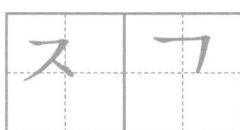

(4) 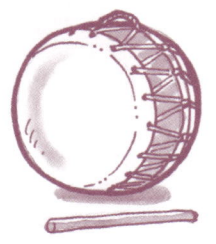 둥근 나무통 양쪽에 동물 가죽을 팽팽하게 묶어 놓고, 손이나 채로 쳐서 소리 내는 악기.

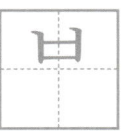

2 책

 책과 관계있는 낱말입니다. 빈칸에 알맞은 낱말을 쓰세요.

(1)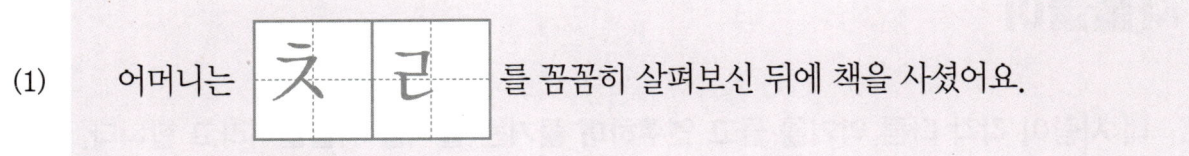

* 책의 앞부분에 그 책의 주요 내용 등을 쪽수와 함께 순서대로 늘어놓은 것.

(2)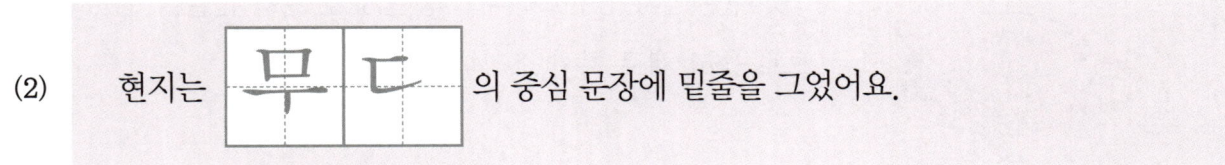

* 긴 글을 내용에 따라 나눌 때, 하나하나의 짧은 부분.

(3)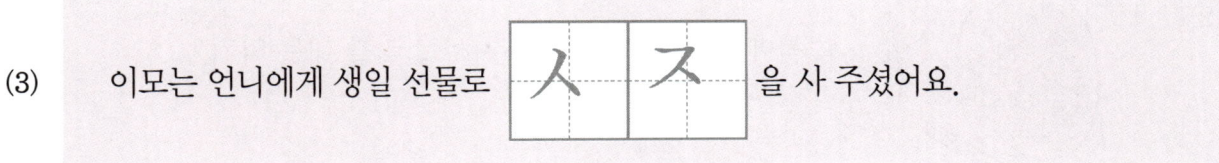

* 시 여러 편을 모아서 만든 책.

(4)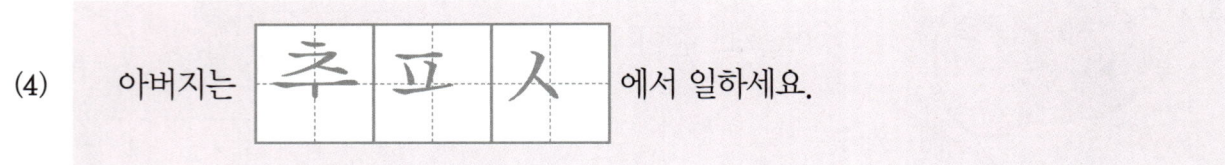

* 책 등을 인쇄하여 세상에 내놓는 일을 하는 회사.

(5)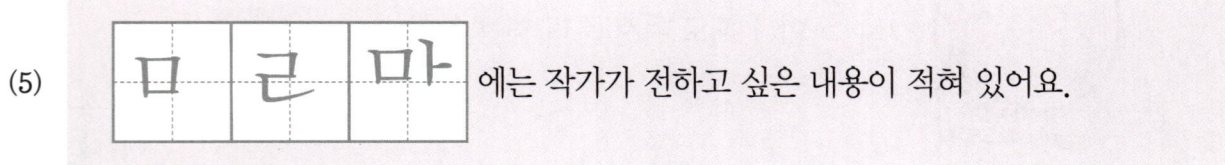

* 책 등의 앞부분에 내용이나 목적 등을 짧게 적은 글.

3 어디일까요?

 다음 설명에 알맞은 장소를 빈칸에 쓰세요.

(1) 평평하고 넓은 땅.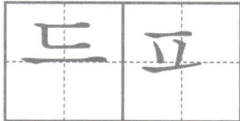

(2) 햇볕이 바로 드는 곳.

(3) 햇볕이 잘 들지 않는 그늘진 곳.

(4) 바다, 강, 연못 등과 같이 물이 있는 곳의 주변.

(5) 흙이 말라 습기가 없는 땅.

(6) 산의 기울어진 곳이 끝나는 아랫부분.

4 무슨 낱말일까요?

 빈칸에 알맞은 낱말을 넣어 문장을 완성하세요.

(1) 가을이 되니까 벼의  이 노랗게 변했어요.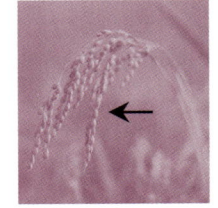

* 벼, 보리 등의 곡식에서, 꽃이 피고 열매가 많이 열리는 부분.

(2) 할머니는 사물놀이 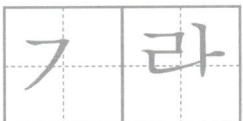 에 맞추어 춤을 추셨어요.

* 소리의 높낮이가 길이나 리듬과 어울려 나타나는 음의 흐름. ⑪ 선율, 멜로디

(3) 관심을 두고 잘 살피면 도시에서도 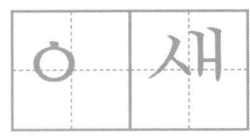 동물을 볼 수 있어요.

* 산이나 들에서 저절로 생겨나 자람.

(4) 이 동물은 숲속에서 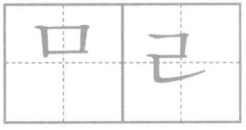 를 지어 살아요.

* 사람, 짐승, 사물 등이 모여 있는 떼. ⑪ 집단, 떼

(5) 성훈이와 진석이는 일주일째 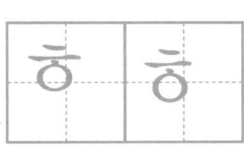 를 하지 않고 있어요.

* 싸움을 멈추고 서로 가지고 있던 나쁜 감정을 풀어 없앰.

8 훈민정음 **3-2**

5 비슷하게 생긴 식물과 동물

 다음 그림과 설명을 보고, 서로 비슷하게 생긴 식물과 동물의 이름을 구별해 쓰세요.

(1)

* 습지나 물가에서 자라며, 8~9월에 갈색 꽃을 피우는 풀.

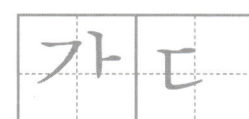
갈 대

(2)

* 햇볕이 잘 드는 산이나 들에서 자라며, 7~9월에 누런 흰색 꽃을 피우는 풀.

억 새

(3)

* 주로 강이나 호수에서 물고기, 개구리 등을 잡아먹는 동물. 갈색 털이 난다.

수 달

(4)

* 주로 바다에서 조개 등을 잡아먹는 동물. 어두운 갈색, 회색 등의 털이 난다.

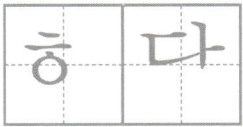
해 달

(5)

* 집게 모양의 큰턱이 수컷은 크게, 암컷은 작게 자라는 곤충.

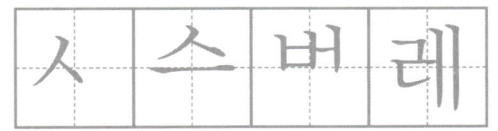
사 슴 버 레

(6)

* 우리나라에서 가장 큰 풍뎅이. 수컷 머리에는 긴 뿔이 있고, 암컷에는 없다.

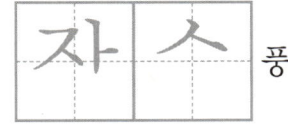
장 수 풍뎅이

독서 계획대로 차근차근 읽어요

제 1 과 경험과 관련지으며 이해해요(1)

1 해산물

 바다에서 나는 동물과 식물을 통틀어 해산물이라고 합니다. 다음 그림과 설명을 보고 해산물의 이름을 바르게 쓰세요.

(1) 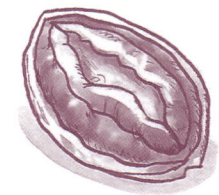 구멍이 몇 개 뚫려 있는 두껍고 단단한 껍데기를 지닌 동물. 껍데기 안에는 연한 갈색의 부드러운 몸이 있다.

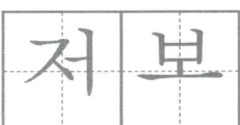

(2)  회오리 모양의 두껍고 단단한 껍데기를 지닌 동물. 껍데기 안에는 진한 갈색의 부드러운 몸이 있다.

(3)  바닷속에서 사는 갈색 생물. 기둥 모양의 줄기에 얇고 넓적한 잎을 지니고 바위에 붙어 산다.

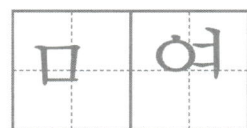

(4)  바닷속에서 사는 갈색 생물. 굵은 줄기에 길고 두꺼운 잎을 지니고 바위에 붙어 산다.

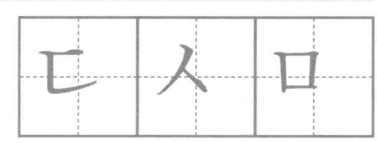

2 어떤 느낌일까요?

 다음 상황에서 어떤 느낌이 들까요? 빈칸에 알맞은 낱말을 쓰세요.

(1) 현수가 준 선물 상자가 무지해요.

* 보기보다 꽤 무거워요.

(2) 제 마음을 알아주지 못하는 친구들이 얀소해요.

* 정이 없는 행동이나 그런 행동을 한 사람이 마음에 들지 않아 불쾌하고 섭섭해요.

(3) 비를 맞고 있는 고양이가 무척 초라해요.

* 초라하고 불쌍해요.

(4) 이어달리기에서 우리 반이 역전을 해서 짜릿해요.

* 마음이 순간적으로 흥분되고 떨리는 듯해요.

(5) 떡이 무척 쫀득쫀득해요.

* 음식물 등이 매우 끈끈하고 질기게 씹히는 느낌이 들어요.

3 무슨 낱말일까요?

✏️ 빈칸에 알맞은 낱말을 넣어 문장을 완성하세요.

(1) 귀여운 참새가 날아와 ㅊㅌ 에 앉았어요.

   * 창문을 달기 위해 테두리에 설치한 물건.

(2) 뉴턴은 대단한 ㅂㄱ 을 많이 한 과학자예요.

   * 아직 찾아내지 못하였거나 알려지지 않은 사물, 현상, 사실 등을 찾아냄.

(3) 거북아, 너는 뛰지도 못하는 ㅈㅈ 에 나랑 달리기 시합을 하겠다고?

   * 형편없는 처지.

(4) 음식 냄새를 맡으니 입안에 ㄱㅊ 이 돌아요.

   * 무엇을 먹고 싶어서 입안에 생기는 침.

(5) 친구와 이야기를 나눌 때에는 거짓말을 하지 않게 ㅈㅇ 해야 해요.

   * 마음에 깊이 기억하고 조심함.

(6) 놀부는 흥부를 내쫓으며 를 뀌었어요.

　　* 코로 나오는 숨을 막았다가 갑자기 터뜨리면서 불어 내는 소리.

(7) 상황을 정확하게 설명하지 않으면 상대가 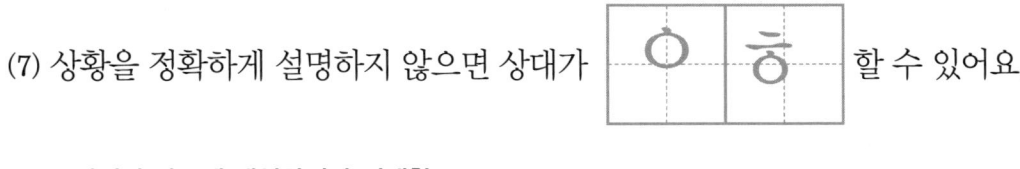할 수 있어요.

　　* 사실과 다르게 해석하거나 이해함.

(8) 태민이가 굴러오는 공에 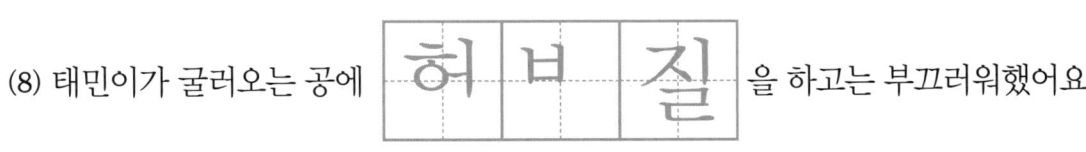을 하고는 부끄러워했어요.

　　* 빗나간 발길질(발로 걷어차는 짓).

(9) 주말이 되면 아름다운 을 즐기러 사람들이 우리 마을에 찾아와요.

　　* 산, 들, 강, 바다 등의 자연이나 지역의 모습.

(10) 할아버지는 가늘게 쪼갠 대나무에 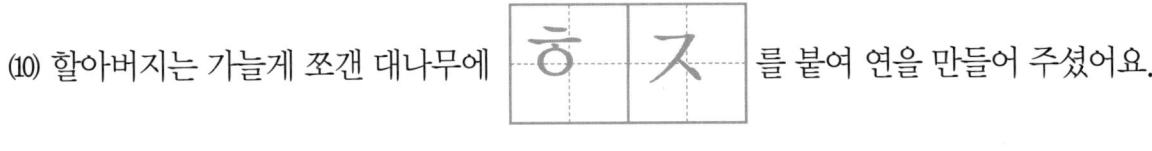를 붙여 연을 만들어 주셨어요.

　　* 닥나무 껍질 등을 재료로 하여 우리나라의 전통 방법으로 만든 종이.

(11) 한복을 보면 우리나라 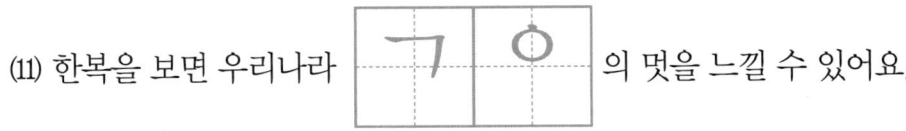의 멋을 느낄 수 있어요.

　　* 원래부터 특별히 가지고 있는 것.

4 준말

✏️ **낱말의 일부분이 줄어든 말을 준말이라고 합니다. 밑줄 친 준말을 빈칸에 풀어 쓰세요.**

(1) 토끼는 쉴 새 없이 달렸어요.

(2) 네 맘속에 무엇이 들어 있는지 궁금해.

(3) 민주는 지은이의 얘기를 차분히 들어 주었어요.

(4) 나에게 묻고 싶은 것이 뭐야?

(5) 나그네는 이 집에서 한동안 머물다 떠났어요.

(6) 선생님은 선물을 골고루 나누어 주셨어요.

5 운동의 장점

 운동에는 좋은 점이 많습니다. 밑줄 친 부분을 한 낱말로 바꾸어 쓰세요.

(1) 아버지는 매일 턱걸이를 하셔서 <u>근육의 힘</u>이 좋으세요.

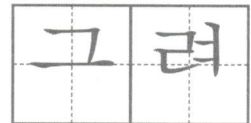

(2) 축구를 즐기시는 삼촌은 <u>몸을 움직여 활동할 수 있는 힘</u>이 뛰어나 지치지 않으세요.

(3) 운동을 열심히 하니 <u>마음이나 정신을 한곳에 쏟을 수 있는 힘</u>이 좋아지는 것 같아요.

(4) 적당한 운동은 <u>몸 밖에서 들어온 병균을 막아 내는 힘</u>을 강하게 해 줘요.

(5) 친구들과 어울려 운동하면 <u>서로 마음과 힘을 하나로 모으려는 마음</u>도 길러져요.

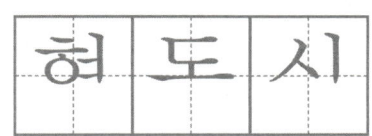

6 어제 뭐 했어?

 친구들이 어제 한 일을 말했어요. 그림과 설명을 보고 빈칸에 알맞은 낱말을 쓰세요.

(1)  나는 어제 부모님과 극장에 가서 | ㅇ | ㅎ |를 봤어.

* 움직이는 대상을 촬영하여 보여 주는 예술.

(2)  난 우리 집 근처 공연장에서 | 하 | ㅊ | 공연을 보고 왔어.

* 여러 사람이 목소리를 맞추어 부르는 노래.

(3)  나는 먼 곳으로 이사 간 친구에게 | ㅍ | ㅈ |를 썼어.

* 상대방에게 전하고 싶은 이야기를 적어서 보내는 글.

(4)  난 식구들과 바다에서 | ㅁ | ㄴ | ㅇ |를 즐겼어.

* 물가나 물속에서 하는 놀이.

7 축구에서 쓰이는 말

✏️ 축구에서 쓰이는 말 가운데 외국에서 들어와 쓰이는 낱말을 빈칸에 알맞게 쓰세요.

(1) 우리 [ㅌ] 은 파란색 경기복을 입었어요.

  * 운동 경기에서, 사람이 둘 이상 모여 이룬 무리. 예 편

(2) 시우의 [ㅅ] 을 보고 관객들은 모두 함성을 질렀어요.

  * 축구나 농구 등의 경기에서, 점수를 내기 위해 공을 차거나 던지는 일.

(3) 현성이가 [ㄱ] 을 넣어서 우리 편이 1 대 0으로 이겼어요.

  * 축구나 농구 등의 경기에서, 문이나 바구니에 공을 넣어 점수를 얻는 일.

(4) 예은이가 소윤이에게 [ㅍ][ㅅ] 를 해서 좋은 기회가 생겼어요.

  * 축구나 농구 등의 경기에서, 같은 편끼리 서로 공을 주거나 받음.

(5) 지율이가 [ㅍ][ㅇ] 을 해서 우리 편에게 위기가 찾아왔어요.

  * 규칙을 어기는 일.

8 십자말풀이

 가로 열쇠와 세로 열쇠를 잘 읽고, 빈칸을 채우세요.

(1) 이	(2)			(9)
	(3)		(6) 꼭	
(4)				
소		(7)		
(5)			(8)	ㅊ

가로 열쇠

(1) 말이나 글의 뜻을 잘 알아서 받아들임.

(3) 산의 맨 위. 비 마루, 정상

(4) 강, 호수 등과 같이 소금기가 없는 물.
비 담수 반 바닷물

(5) 사람의 마음을 잡아 끄는 힘.

(7) 남자가 아내를 맞이하는 일. 반 시집

(8) 어떤 일이나 행동을 하도록 남에게 부탁함. 비 요구

세로 열쇠

(2) 바다에서 나는 동물과 식물을 통틀어 이르는 말.

(4) 윗옷의 좌우에 두 팔을 감싸는 부분이 없는 옷.

(6) 널리 많은 사람이 즐겨 부르는 노래.

(9) 꽃, 향수 등에서 나는 좋은 냄새.

제 2 과 경험과 관련지으며 이해해요(2)

1 -지

> **-지(地)** : 낱말 뒤에 붙어 '곳(장소)'의 뜻을 더해 줍니다.
> 예 서식<u>지</u>(생물 등이 자리를 잡고 사는 곳)

 다음 뜻풀이를 읽고, '-지'가 들어가는 낱말을 빈칸에 알맞게 쓰세요.

(1) 우리나라의 유명 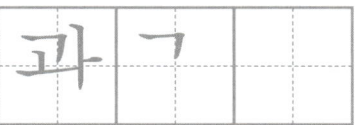 를 찾는 외국인이 늘고 있어요.

　＊ 경치가 뛰어나거나 문화유산 등이 있어 구경하고 즐길 만한 곳.

(2) 우리는 여행을 떠난 지 일주일 만에 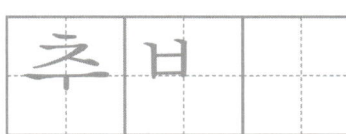 로 되돌아왔어요.

　＊ 어딘가를 향하여 떠나는 곳.

(3) 우리 가족은 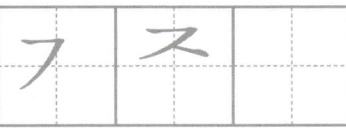 를 지방으로 옮겼어요.

　＊ 현재 머무르며 살고 있는 곳.

(4) 저희 아버지의 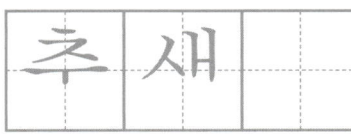 는 경기도 수원이에요.

　＊ 사람이 태어난 곳.

2 누구일까요?

 다음 그림과 글에서 설명하는 사람을 빈칸에 알맞게 쓰세요.

(1)  병들거나 다친 사람.

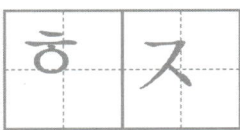

(2)  어떤 분야의 학문을 익혀 전문 자격을 받은 사람.

(3)  손으로 물건을 만드는 일을 직업으로 하는 사람.

(4)  채소, 과일, 꽃 등을 심어서 가꾸는 일을 직업으로 하는 사람.

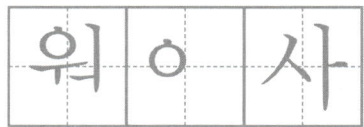

3 언제일까요?

 시간을 나타내는 말을 빈칸에 넣어 문장을 완성하세요.

(1) 수정이는 |방|학| 동안 매일 줄넘기를 500개씩 했어요.

　* 학교에서 학기나 학년이 끝난 뒤에 수업을 쉬는 기간.

(2) 음력으로 |보|름| 이 되면 밤하늘에 동그란 달이 떠요.

　* 음력으로 그달의 열닷새(15일)째가 되는 날.

(3) 운동회의 |이|튿|날|, 친구들은 잔뜩 까매진 얼굴로 나타났어요.

　* 어떤 일이 있은 그다음의 날.

(4) 윤지는 병원에 입원해서 |당|분|간| 학교에 못 나오게 되었어요.

　* 앞으로 얼마간의 시간에. 또는 잠시 동안에.

(5) 할머니께서 |조|만|간| 저희 집에 오시겠다고 하셨어요.

　* 앞으로 곧.

4 '너머'와 '넘어'

 소리는 비슷하지만 뜻이 다른 낱말이 있어요. 알맞은 낱말에 동그라미 하세요.

| 너머 | : 가로막은 사물의 건너편. |
| 넘어 | : 높은 사물의 위를 지나. |

(1) 휴전선 (너머 / 넘어)에도 우리 민족이 살고 있어요.

(2) 누나는 약을 구하기 위해 산을 (너머 / 넘어) 윗마을에 갔어요.

| -던지 | : 과거의 일이 뒷말의 원인이 됨을 나타내는 말. |
| -든지 | : 여러 가지 중에서 어느 것을 해도 상관이 없음을 나타내는 말. |

(3) 민정이와 노니까 얼마나 재미있(던지 / 든지) 시간 가는 줄 모르고 놀았어요.

(4) 밥을 먹(던지 / 든지) 말(던지 / 든지) 알아서 해라.

| 띄다 | : 눈에 보이다. |
| 띠다 | : 색깔을 가지다. |

(5) 도둑은 남의 눈에 (띄지 / 띠지) 않으려고 까만 옷을 입고 밤에 돌아다녔어요.

(6) 들판에는 알록달록 화려한 색을 (띈 / 띤) 꽃들이 잔뜩 피어 있어요.

5 꾸며 주는 말

✏️ 빈칸에 꾸며 주는 말을 알맞게 넣어 문장을 완성하세요.

(1) 언덕 위의 나무들은 햇빛을 [듬뻑] 받아 무럭무럭 자랐어요.

  * 매우 많거나 넉넉한 모양.

(2) 작년에 이사 간 은주가 [문득] 떠올랐어요.

  * 생각이나 느낌 등이 갑자기 떠오르는 모양.

(3) 아기가 저를 보더니 [빙그레] 웃었어요.

  * 입을 약간 벌리고 소리 없이 부드럽게 웃는 모양.

(4) 사람들은 [저마다] 가슴속에 꿈을 품고 살아요.

  * 사람이나 사물 하나하나 모두.

(5) 은정이는 [슬그머니] 일어나 방을 빠져나갔어요.

  * 남이 알아차리지 못하게 슬며시.

6 낱말 뜻풀이

✏️ 빈칸에 알맞은 말을 넣어서 밑줄 친 낱말의 뜻을 풀이하세요.

(1) 아버지는 꽃을 재배하세요.

* 재배하세요: 식물 을 심어 키우세요.

(2) 현식이는 읽은 책의 내용을 간추려 보았어요.

* 간추려: 글 등에서 중요한 점만을 골라 간단하게 정리해.

(3) 바람이 살랑 불어 제 귀를 간질였어요.

* 간질였어요: 피부를 건드려 가지럽게 했어요.

(4) 무슨 일이 있는지 사람들이 잔뜩 모여 분주해요.

* 분주해요: 몹시 바쁘게 뛰어다녀요.

(5) 친구들은 주연이를 에워싸고 환영해 주었어요.

* 에워싸고: 주변을 빙 둘러싸고.

7 비슷한말

✏️ **밑줄 친 낱말의 비슷한말을 빈칸에 쓰세요.**

(1)
- 새로 돋아 오르는 어린잎이나 줄기를 '새순'이라고 해요.
- 봄이 되니까 여기저기에서 ㅅㅆ 이 돋아나요.

(2)
- 남쪽 <u>지방</u>에는 어제 비가 많이 내렸어요.
- 우리 ㄱㅈ 에서는 사과가 잘 자라요.

(3)
- 어제 무슨 일이 있었는지 <u>정직하게</u> 말해 봐.
- 현정이는 태수에게 ㅅㅈ하게 대답해 주었어요.

(4)
- 미희는 새로 산 자전거를 친구들에게 <u>자랑했어요.</u>
- 지은이는 사람들 앞에서 노래 솜씨를 ㅃ내어요.

(5)
- 경찰은 옆집 아저씨를 범인으로 <u>생각하고</u> 있어요.
- 선생님은 학생들을 자식처럼 ㅇㄱㄱ 사랑하세요.

8 바르게 쓰기

✏️ **밑줄 친 낱말을 바르게 고쳐 쓰세요.**

(1) 어제 재훈이가 길에서 너를 봤데.

(2) 우리 사이의 벽을 부셔 버리자.

(3) 몇일 동안 비가 많이 내렸어요.

(4) 정희는 자기 키가 크다고 자꾸 으시대요.

  * 어울리지 않게 마음에 들어 하며 자랑해요.

(5) 괴물이 나즈막한 목소리로 저를 불렀어요.

  * 소리가 꽤 작은.

(6) 네 모습이 웃으깡스러워.

9 원고지 쓰기

 다음 문장을 괄호 안의 횟수만큼 띄워서 원고지에 옮겨 쓰세요.

(1) 같은말을세번째하고있어요. (5)

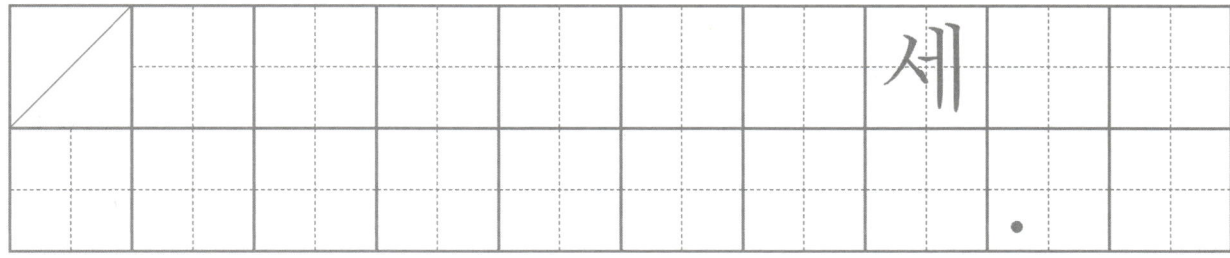

(2) 재훈이는잘못을바로잡아야겠다고마음속으로생각했어요. (4)

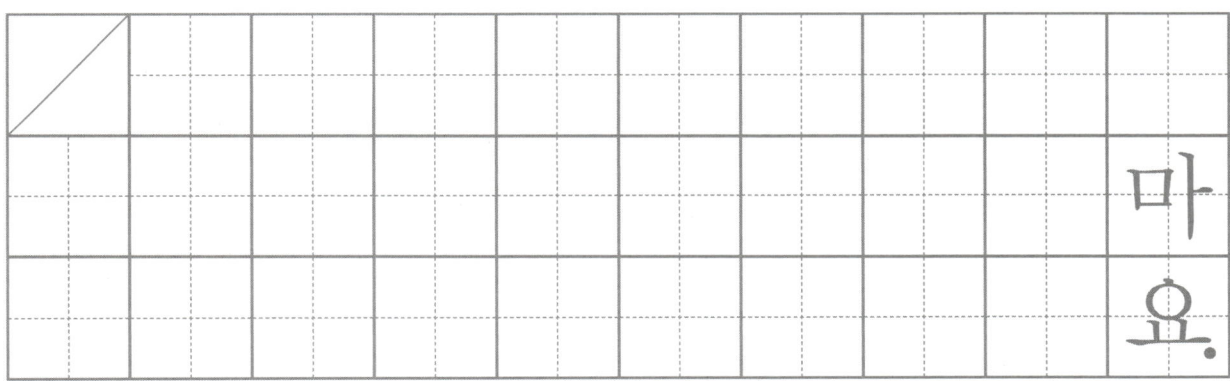

(3) 이상자속에들어있는음식은씹을수록단맛이나요. (8)

제 **2** 과 경험과 관련지으며 이해해요(2)

제 3 과 유창하게 읽고 발표해요(1)

1 음식

 그림과 설명을 보고 외국 음식의 이름을 빈칸에 바르게 쓰세요.

(1)

과일에 설탕을 넣고 약한 불로 오래 끓여 물기를 많이 제거한 음식물.

ㅈ	

(2)

밀가루 반죽 위에 토마토, 치즈, 고기 등을 얹어 둥글고 납작하게 구운 음식.

피	ㅈ

(3)

밀가루, 달걀, 우유, 설탕 등으로 만든 반죽을 구운 뒤, 그 위에 크림, 과일 등을 얹어 만든 음식.

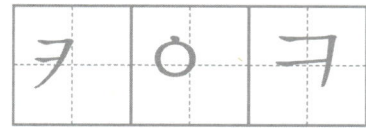

ㅋ	ㅇ	ㅋ

(4)

두툼하게 썬 고기를 굽거나 지져서 만든 음식.

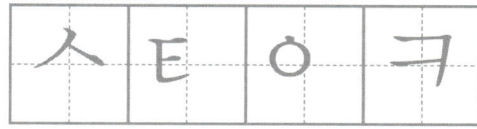

ㅅ	ㅌ	ㅇ	ㅋ

우리가 집에서 먹는 음식 이름을 빈칸에 알맞게 쓰세요.

(5) 물기가 있는 물체에서 짜낸 액체.

(6) 고기, 생선, 채소 등에 물을 많이 붓고 양념을 넣어 끓인 음식.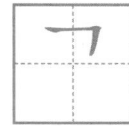

(7) 고기, 생선, 채소 등에 물을 조금 붓고 양념을 넣어 끓인 음식.

(8) 고기와 여러 채소를 잘게 썰어 볶고 면을 넣어 뒤섞은 음식.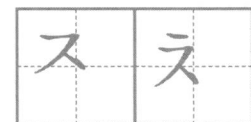

(9) 말린 김을 굽거나 튀긴 뒤 양념과 뒤섞은 음식.

(10) 생선에 양념을 하여 구운 음식.

(11) 프라이팬 등에 기름을 두르고 달걀을 익히면서 돌돌 말아 만든 음식.

2 흉내 내는 말

✏️ 빈칸에 모양을 흉내 내는 말을 알맞게 넣어 문장을 완성하세요.

(1) 도깨비를 본 나그네는 | 흥 | 드 | 즈 | 드 | 그곳을 떠났어요.

* 정신을 차릴 수 없을 만큼 다급하게 서두르는 모양.

(2) 지우는 한숨을 쉬며 집까지 | 터 | 덕 | 터 | 덕 | 걸어갔어요.

* 지치거나 기운이 없어 무거운 발걸음으로 계속 힘없이 걷는 소리나 모양.

(3) 우리 집 마당에도 | 사 | 르 | 사 | 르 | 봄바람이 불어요.

* 조금 차가운 바람이 가볍게 자꾸 부는 모양.

(4) 집 앞 마당에 눈이 | 소 | 복 | 소 | 복 | 쌓여 있어요.

* 물건이 볼록하게 많이 쌓이거나 담긴 모양.

(5) 가을이 되니 나뭇잎이 | 흐 | 로 | 흐 | 로 | 떨어져요.

* 작고 가벼운 물체가 떨어지면서 계속하여 흔들리는 모양.

(6) 동생이 제 방의 문을 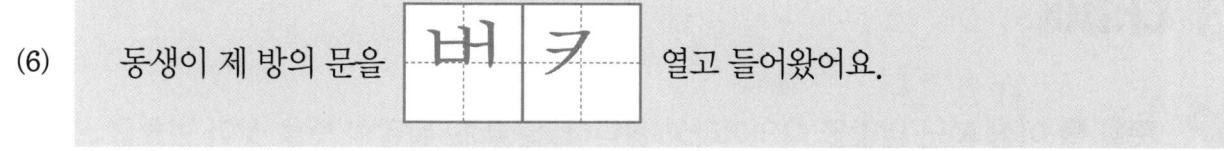 열고 들어왔어요.

* 닫혀 있던 것을 갑자기 세게 여는 모양.

(7) 정은이가 선호에게 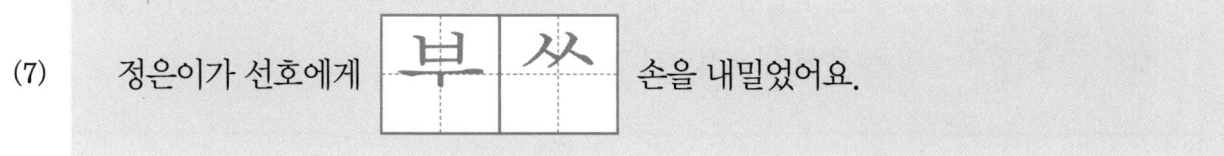 손을 내밀었어요.

* 갑자기 불룩하게 쑥 나오거나 내미는 모양.

(8) 비가 그쳤으니 날씨가 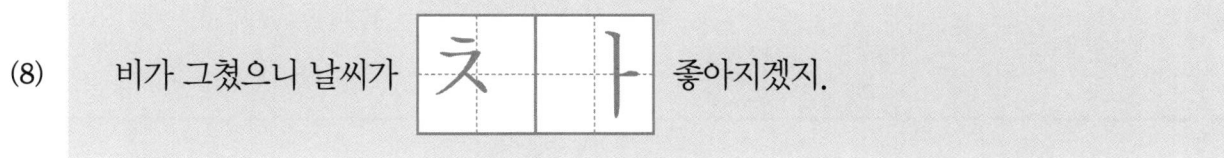 좋아지겠지.

* 어떤 상태나 정도가 시간의 흐름에 따라 일정한 방향으로 조금씩 나아가는 모양.

(9) 무슨 일인지 교실에는 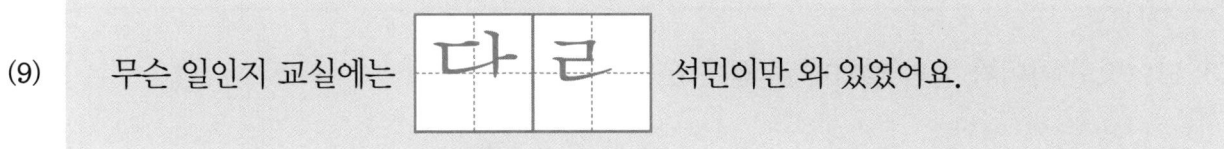 석민이만 와 있었어요.

* 어디에 속한 것이 적거나 하나만 있는 모양.

(10) 책을 읽다가 슬픈 감정이  솟아올랐어요.

* 거센 감정이 갑자기 일어나는 모양.

(11) 종소리가 들리자 사람들은 창문을 열고 고개를 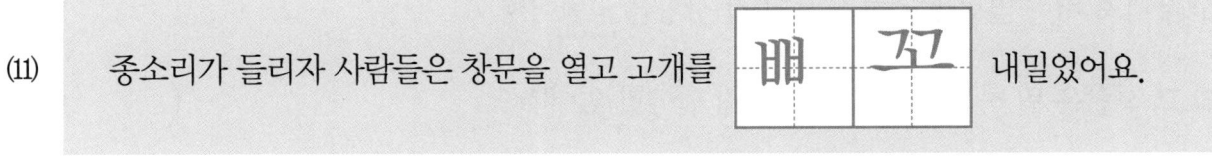 내밀었어요.

* 작은 구멍이나 틈으로 아주 조금만 보이는 모양.

3 다의어

✏️ 뜻을 둘 이상 지닌 낱말을 다의어라고 합니다. 밑줄 친 낱말의 뜻을 찾아 번호를 쓰세요.

| 이슬 | ① 수증기가 기온이 내려가거나 찬 물체에 닿을 때 뭉쳐 생기는 물방울.
② '눈물'을 비유적으로 이르는 말. |

(1) 할머니의 말씀을 들으신 어머니의 눈에도 이슬이 맺혔어요.　　　(　)

(2) 아침 일찍 들판에 나가면 풀잎에 맺힌 이슬을 볼 수 있어요.　　　(　)

| 털다 | ① 달려 있는 것, 붙어 있는 것 등을 떨어지게 흔들거나 치다.
② 자기가 가지고 있는 것을 남김없이 내다. |

(3) 넘어졌던 아이가 벌떡 일어나 흙 묻은 옷을 털어요.　　　(　)

(4) 할아버지는 재산을 모두 털어 가난한 사람을 도와주셨어요.　　　(　)

| 양반 | ① 고려·조선 시대에, 지배층을 이루던 신분.
② 남자를 대단하지 않게 이르는 말.
③ 사정이나 형편이 좋음을 비유적으로 이르는 말. |

(5) 무너져 버린 옆집에 비하면 우리 집 상황은 양반이지.　　　(　)

(6) 그 사람은 뭐 하는 양반인데 매일 집 안에만 있어?　　　(　)

(7) 양반이라고 해도 조선 시대의 여자들은 벼슬을 할 수 없었어요.　　　(　)

4 낱말 뜻풀이

✏️ 빈칸에 알맞은 말을 넣어서 밑줄 친 낱말의 뜻을 풀이하세요.

(1) 집을 튼튼하게 지으려면 <u>철근</u>을 적당히 넣어야 해요.

* 철근: 건물 등을 지을 때에 쓰는, 철로 된 「마 ㄷ」 모양의 재료.

(2) 비가 퍼붓더니 <u>삽시간</u>에 길이 강물에 잠겨 버렸어요.

* 삽시간: 매우 「 ㅉ 은 」 시간.

(3) 몸이 많이 아픈데 학교에 하루 안 가는 게 <u>대수</u>겠어요?

* 대수: 「 ㄷ 다하고 」 중요한 일.

(4) 동생이 놀리는 모습을 보니 <u>부아</u>가 끓어올랐어요.

* 부아: 억울하고 「 난 」 마음.

(5) 스님께서 종을 치시자 <u>영롱한</u> 소리가 울려 퍼졌어요.

* 영롱한: 구슬 등이 울리는 소리가 맑고 「ㅇ ㄹ ㄷ 운」.

제 3과 유창하게 읽고 발표해요(1)

5 질병

 빈칸에 알맞은 낱말을 넣어 질병과 관계있는 문장을 완성하세요.

(1) 손을 깨끗이 씻지 않으면 | ㅂ | ㄱ | 이 몸에 들어가 병에 걸릴 수 있어요.

  * 병을 일으키는 세균.

(2) 병에 걸리지 않기 위해서는 | ㅇ | 새 | 에 신경을 써야 해요.

  * 건강을 지키려고 조건을 갖추거나 계획을 세우는 일.

(3) 인간이 저지른 | 고 | ㅎ | 가 인간을 병들게 해요.

  * 산업이나 교통이 발달하여 사람이나 생물이 입게 되는 여러 가지 피해.

(4) | ㅇ | 여 | 된 물이나 음식을 먹으면 병에 걸려요.

  * 공기, 물, 환경 등이 더러워짐.

(5) 풀밭에서는 | 지 | ㄷ | 기 | 에게 물리지 않게 조심해야 해요.

  * 몸은 주머니 모양으로 생겼으며, 머리·등·배의 구별이 없는 동물. 몸길이 1cm 이하의 거미류로, 사람이나 동물의 피를 빨아 먹는 종류도 있다.

✏️ **빈칸에 여러 증상을 넣어 문장을 완성하세요.**

(6) 동생은 감기에 걸려서 [고열]로 고생했어요

* 몸에서 나는 높은 열.

(7) 누나는 [두통] 때문에 힘들다며 침대에 누웠어요.

* 머리가 아픈 증상.

(8) 아랫배가 아파서 화장실에 갔더니 [설사]가 나왔어요.

* 물기가 많아져서 액체 상태로 나오는 대변.

(9) 차를 오래 탔더니 속이 안 좋아 [구토]를 했어요.

* 먹은 음식물을 토함.

(10) 재환이는 다쳤던 부위에 [통증]이 심해져서 병원에 갔어요.

* 몸이 아픈 증상.

6 한옥과 나무

우리나라의 전통 집, 한옥을 짓는 데에는 나무가 많이 쓰입니다. 다음 그림과 설명을 보고 알맞은 낱말을 찾아 쓰세요.

(1) 지붕의 비스듬히 기울어진 면을 받치는 나무.

(2) (1)을 받치기 위해 (3)이나 (4) 위에 얹는 나무.

(3) 지붕을 받치기 위해 (4)와 (4) 사이에 걸쳐 놓는 나무.

(4) (2)와 (3)을 받치기 위해 세로로 곧게 세우는 나무.

기둥   도리   들보   서까래

제 4 과 유창하게 읽고 발표해요(2)

1 시골길

 시골길에서 볼 수 있는 것들입니다. 그림과 설명을 보고 알맞은 낱말을 빈칸에 쓰세요.

(1)    물을 받아 주로 벼를 심어 기르는 땅.

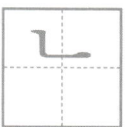

(2)    집이나 일정한 공간을 둘러막기 위해 돌로 쌓은 것.

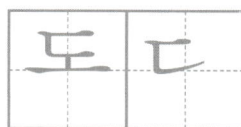

(3)    집이나 일정한 공간을 둘러막기 위해 풀, 나무 등을 엮어서 만든 물건.

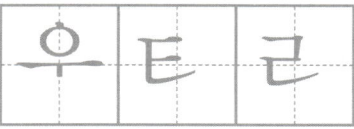

(4)    길을 따라 줄지어 심은 나무.

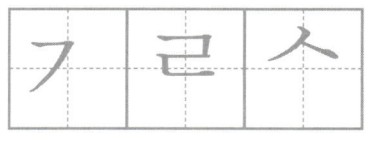

2 태권도

✏️ 빈칸에 알맞은 낱말을 넣어 태권도와 관련한 문장을 완성하세요.

(1) 태권도에서는 실력에 따라 [띠] 의 색깔을 다르게 매요.

* 옷 위로 허리를 둘러매는 끈.

(2) 기본자세와 기본 동작을 익힌 뒤 [품ㅅ] 를 배워요.

* 태권도에서, 공격과 방어의 기본 기술을 연결한 연속 동작.

(3) 태권도를 통해 상대를 존중하는 마음과 [ㅇ 절] 을 배울 수 있어요.

* 사회생활이나 사람 사이에서 지켜야 하는 바르고 공손한 말투와 태도.

(4) 태권도를 [ㅅ 련] 하면 몸과 마음이 건강해져요.

* 기술, 학문 등을 배우고 연습하여 익힘.

(5) 그동안 배웠던 기술을 이용하여 상대와 [ㄱ ㄹ 기] 를 했어요.

* 태권도에서, 기술을 활용하여 두 사람이 서로 실력을 다투는 일.

✏️ **다음 그림과 설명을 보고 태권도의 자세나 기술 이름을 빈칸에 찾아 쓰세요.**

(6)

* 한쪽 발을 앞으로 내디뎌서 무릎을 펴고 서는 자세.

☐

(7)

* 말을 타는 것처럼 다리를 넓게 벌리고 무릎을 살짝 구부리는 자세.

☐

(8)

* 몸을 옆으로 틀어서 다리를 옆으로 뻗어 발 옆 부분으로 차는 발 기술.

☐

(9)

* 몸을 옆으로 돌리면서 다리를 회전시켜 발등으로 차는 발 기술.

☐

앞서기   주춤서기   돌려차기   옆 차기

3 꾸며 주는 말

 빈칸에 꾸며 주는 말을 알맞게 넣어 문장을 완성하세요.

(1) 발차기 자세를 보니 [ㅈ][ㅂㅓ] 연습을 한 것 같구나.

* 수준이나 솜씨가 어느 정도에 이르렀음을 나타내는 말.

(2) 공부하면서도 [ㅌ][ㅌ][ㅇ] 태권도를 훈련했어요.

* 여유가 있을 때마다.

(3) 오빠는 열심히 노력한 끝에 [ㅁ][치][ㄴ] 금메달을 땄어요.

* 드디어 마지막에는.

(4) 준호는 늦었다며 [ㅂ][리][ㄴ][ㅋ] 학교로 달렸어요.

* 서둘러서 아주 급하게.

(5) 깊은 산속에서 [나][ㄷ][어][이] 노랫소리가 들려왔어요.

* 갑자기 나타나 어디서 왔는지 알 수 없게.

4 바르게 쓰기

✏️ **밑줄 친 낱말을 바르게 고쳐 쓰세요.**

(1) 그 종이에는 태어난 <u>년도</u>와 날짜가 적혀 있었어요.

(2) 성은이는 재훈이의 공을 <u>낙아채</u> 골을 넣었어요.

　* 남의 물건을 재빨리 빼앗아.

(3) 윤주가 계단에 <u>움추리고</u> 앉아 있어요.

(4) 진형이는 <u>부시시한</u> 모습으로 나타났어요.

(5) 정호는 거의 <u>삼키다싶이</u> 빵을 먹어 치웠어요.

(6) 저기 좀 봐 봐. 하늘이 <u>붉으스름해</u>.

5 무슨 낱말일까요?

✏️ 빈칸에 알맞은 낱말을 넣어 문장을 완성하세요.

(1) 그런 말도 안 되는 얘기를 하다니, 그 사람 참 |어|t|리| 같네요.

   * 엉뚱한 말이나 행동을 하는 사람.

(2) 거짓말을 하면 아버지께 |부|ㅎ|려| 을 맞아요.

   * 몹시 심하게 꾸짖는 말.

(3) 이것은 은도끼가 아니라, |o|바| 을 입힌 쇠도끼예요.

   * 은이나 은빛의 재료를 종이처럼 얇게 만든 물건.

(4) 토끼는 |시|ㅎ|ㅎ| 을 하고 자라 등에 올라탔어요.

   * 허파(폐) 속에 공기가 많이 드나들도록 숨을 깊이 쉬는 방법.

(5) 에스더는 당나귀를 타고 |와|지| 을 떠났어요.

   * 의사가 병원 밖의 환자가 있는 곳에 가서 진료함.

(6) 독감이 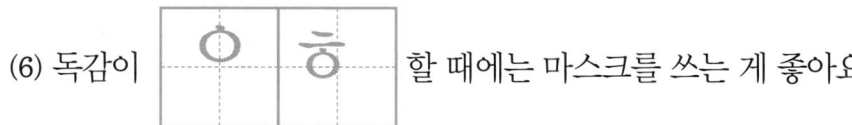 할 때에는 마스크를 쓰는 게 좋아요.

　* 옮을 수 있는 병이 널리 퍼짐.

(7) 과학이 발달한 요즘에도 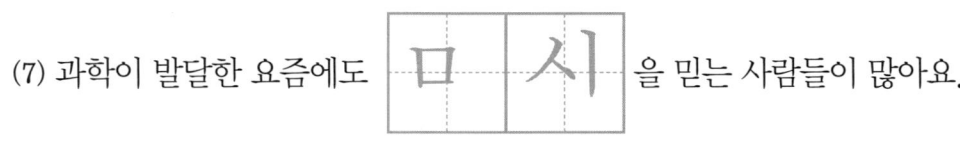 을 믿는 사람들이 많아요.

　* 과학적으로 근거가 없고 헛된 것을 믿음.

(8) 저희 선생님은 매주 월요일에 건강  을 하나씩 알려 주세요.

　* 사람들이 보통 알고 있거나 알아야 하는 지식.

(9) 무더운 여름에는 전기 사용량이 .

　* 갑작스럽게 늘어나요.

(10) 휴대 전화가 널리 퍼지면서 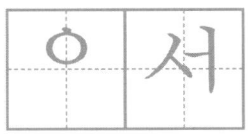 전화 사용량이 줄어들었어요.

　* 전선을 사용한 정보 전달 방식.

(11) 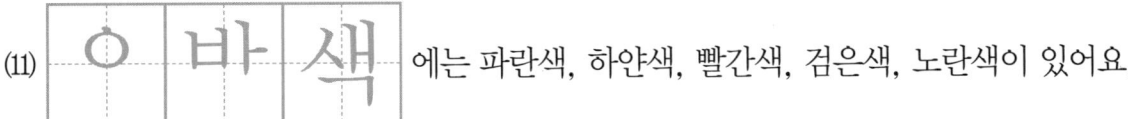 에는 파란색, 하얀색, 빨간색, 검은색, 노란색이 있어요.

　* 다섯 방향(동쪽, 서쪽, 남쪽, 북쪽, 중앙)을 나타내는 색.

6 무슨 뜻일까요?

✏️ 밑줄 친 낱말의 뜻을 찾아 번호를 쓰세요.

(1) 너에게 서운한 마음이 가시지 않아. ( )

　① 없던 것이 새로 생기지.

　② 전해지지.

　③ 없어지거나 달라지지.

(2) 민정이가 희진이의 생일을 기억하고 들먹였어요. ( )

　① 드러내어 말했어요.

　② 알면서 모르는 척했어요.

　③ 축하해 주었어요.

(3) 윤선이의 강렬한 눈빛에는 사람을 옭아매는 힘이 있어요. ( )

　① 두렵게 하는.

　② 기분 좋게 하는.

　③ 자유롭지 못하게 하는.

(4) 성진이는 야무져서 어떤 일도 잘할 것 같아요. ( )

　① 까다롭지 않고 남과 잘 사귀어서.

　② 사람의 성질, 행동, 생김새 등이 빈틈이 없이 단단하고 똑똑해서.

　③ 무엇인가를 느끼는 능력이나 분석하고 판단하는 능력이 빠르고 뛰어나서.

7 원고지 쓰기

 다음 문장을 괄호 안의 횟수만큼 띄워서 원고지에 옮겨 쓰세요.

(1) 가만히두면저분들큰일내시겠어요. (4)

(2) 마녀는공주를돌보기는커녕쫓아낼생각만했어요. (5)

(3) 그건생일선물이라고하기에는너무나보잘것없었어요. (5)

제 5 과 정확하게 글을 써요(1)

1 여러 가지 병

 다음 설명을 읽고, 빈칸에 여러 가지 병을 알맞게 쓰세요.

(1) 병균이 몸 안에 들어가서 생기는 병.

(2) 다른 사람에게 옮는 병.

(3) 주로 40살이 넘은 어른에게 문제가 되는 병.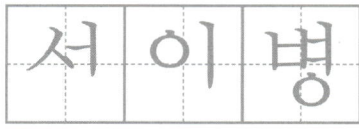

(4) 시원한 실내와 더운 실외의 온도 차이로 인해 생기는 병.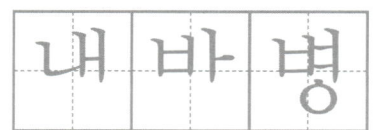

(5) 기온이 높고 습기가 많은 곳에서 몸의 열을 밖으로 내보내지 못하여 생기는 병.

2 설명하는 글을 써요

✏️ 다음은 설명하는 글을 쓰는 방법입니다. 빈칸에 알맞은 낱말을 쓰세요.

(1) 글을 쓰기 전에 읽을 사람이 누구인지, 글의 목저 이 무엇인지 생각해요.

* 이루려고 하는 일이나 방향.

(2) 글의 처음, 가운데 , 끝에 어떤 내용을 쓸지 정해요.

* 처음이나 마지막이 아닌 중간.

(3) 이해 하기 쉬운 낱말로 글을 써요.

* 말이나 글의 뜻 등을 잘 알아서 받아들임.

(4) 믿을 수 있는 자료를 활용하고, 그 자료의 출처 를 밝혀 적어요.

* 물건이나 말 등이 처음 만들어지거나 생긴 곳.

(5) 글을 쓴 뒤에는 자신의 글에 틀린 부분이 있는지 점검 해요.

* 하나하나 빠짐없이 모두 검사함.

3 이어 주는 말

이어 주는 말은 앞뒤 내용을 연결해 줍니다.

1. 그리고: 앞의 내용과 비슷한 내용이 이어질 때에 사용합니다.
   예) 저는 독서를 좋아해요. 그리고 글쓰기도 좋아해요.

2. 그러나: 앞의 내용과 반대되는 내용이 이어질 때에 사용합니다.
   예) 저는 축구를 잘해요. 그러나 농구는 못해요.

3. 그래서: 앞의 내용이 뒤의 내용의 이유가 될 때에 사용합니다.
   예) 비가 많이 내렸어요. 그래서 홍수가 났어요.

✏️ 앞에서 배운 이어 주는 말을 빈칸에 알맞게 써서 두 문장을 자연스럽게 연결하세요.

(1) 종호는 채소를 좋아해요. [　　　] 고기는 싫어해요.

(2) 상철이는 발표를 잘해요. [　　　] 청소도 잘해요.

(3) 민희는 감기에 걸렸어요. [　　　] 병원에 갔어요.

(4) 준성이는 늦잠을 잤어요. ☐ 학교에 지각했어요.

(5) 혜미는 노란 색연필을 샀어요. ☐ 예쁜 공책도 샀어요.

(6) 영후가 그림을 그렸어요. ☐ 승우는 안 그렸어요.

(7) 은희가 생일 선물을 줬어요. ☐ 축하 노래도 불러 주었어요.

(8) 지우개를 안 가져왔어요. ☐ 친구에게 빌렸어요.

(9) 어제는 운동을 열심히 했어요. ☐ 오늘은 안 했어요.

4 같은 소리, 다른 뜻

글자의 모양과 소리는 같지만 뜻이 다른 낱말이 있습니다. 괄호 안에 공통으로 들어갈 낱말을 빈칸에 쓰세요.

(1) ㅅ ㅁ

① 해인이는 (　) 시간이 부족했는지 계속 하품을 했어요.
  * 잠을 자는 일.

② 잔잔한 (　) 위로 달빛이 밝게 비쳤어요.
  * 물의 겉면.

(2) ㅂ ㅅ

① 호진이는 줄넘기를 하다가 발목에 (　)을 입었어요.
  * 몸에 상처를 입음.

② 달리기 일등을 한 채연이는 (　)으로 운동화를 받았어요.
  * 상과 함께 주는 상금이나 상품.

(3) ㄷ ㄹ

① 공사 때문에 주변 (　)가 꽉 막혔어요.
  * 사람, 차 등이 잘 다닐 수 있도록 넓게 만들어 놓은 길.

② 다 쓴 물건은 (　) 제자리에 갖다 놓아야 해요.
  * 원래 상태로 다시.

(4) ㅇ ㅎ

① 열심히 연습해서 자전거 타는 법을 (　) 두었어요.
  * 여러 번 해 보아 서투르지 않을 정도로 솜씨가 있게 하여.

② 어머니께서 생선을 노릇노릇하게 잘 (　) 주셨어요.
  * 음식이나 고기, 채소 등을 뜨거운 열로 굽거나 삶아.

5 낱말 뜻풀이

 빈칸에 알맞은 말을 넣어서 밑줄 친 낱말의 뜻을 풀이하세요.

(1) 너무 많이 먹고 운동을 하지 않으면 <u>비만</u>이 될 수 있어요.

* 비만: ㅅ 이 쪄서 몸이 뚱뚱함.

(2) <u>충치</u>가 생겼을 때에는 치과에 가야 해요.

* 충치: 세균 등의 영향으로 벌레가 파먹은 것처럼 깎인 ㅇ .

(3) 모든 병은 치료보다 <u>예방</u>이 중요해요.

* 예방: 질병이나 재해 등이 일어나기 전에 ㅁ ㄹ 대처하여 막음.

(4) 세종 대왕께서 훈민정음을 <u>창제</u>하신 덕분에 우리는 쉽게 글을 읽고 써요.

* 창제: 전에 없던 것을 ㅊ ㅇ 으로 만들거나 정함.

(5) 할아버지 댁은 마을 <u>외딴곳</u>에 있어요.

* 외딴곳: 홀로 ㄸ ㄹ 떨어져 있는 곳.

6 비슷한말, 반대말

 밑줄 친 낱말의 비슷한말이나 반대말을 빈칸에 쓰세요.

(1)
- 고양이는 제가 아무리 불러도 <u>눈길</u> 한 번 주지 않았어요.
- 은진이는 유민이와 **비** | 시 | 선 | 이 마주치자 방긋 웃었어요.

(2)
- <u>증세</u>를 보니 선우가 감기에 걸린 것 같아요.
- 같은 병이라도 사람에 따라 **비** | 증 | 사 | 이 다르게 나타날 수 있어요.

(3)
- 이 박물관은 10살 <u>이하</u> 어린이까지 무료로 입장할 수 있어요.
- 키가 140센티미터 **반** | 이 | 상 | 이면 이 놀이 기구를 탈 수 있어요.

(4)
- <u>소수</u>의 의견도 무시해서는 안 돼요.
- 우리 학교에서 학생 **반** | 다 | 수 | 가 독감에 걸렸어요.

(5)
- 영양소 <u>섭취</u> 기준에 따라 반찬을 골고루 먹어요.
- 여름에는 땀 **반** | 배 | 출 | 이 많이 일어나요.

7 꾸며 주는 말

 빈칸에 꾸며 주는 말을 알맞게 넣어 문장을 완성하세요.

(1) ┌─┬─┐
    │ㅈ│치│ 잘못하면 강물에 빠질 수 있으니 조심하렴.
    └─┴─┘

  * 어쩌다가 조금 어긋나거나 실수하는 경우를 나타내는 말.

(2) 민기는 수빈이와 ┌─┬─┐ 앉아 점심을 먹었어요.
                    │ㅁ│ㅈ│
                    └─┴─┘

  * 서로 똑바로 향하여.

(3) 최근에 우리나라의 대중문화가 세계에 ┌─┬─┐ 퍼지고 있어요.
                                        │ㄴ│ㄹ│
                                        └─┴─┘

  * 범위가 넓게.

(4) 감기가 다 나으니 몸이 ┌─┬─┐ 가벼워졌어요.
                          │하│겨│
                          └─┴─┘

  * 전에 비하여서 한층 더.

(5) 경수는 책을 정리해서 책장에 ┌─┬─┬─┬─┐ 꽂았어요.
                                │ㄱ│ㅈ│러│히│
                                └─┴─┴─┴─┘

  * 층이 나지 않고 나란하거나 고르게.

제 5 과   정확하게 글을 써요(1)

8 바르게 쓰기

✏️ 밑줄 친 낱말을 바르게 고쳐 쓰세요.

(1) 오늘은 <u>웬지</u> 기분이 좋아요.

(2) 벌에 쏘인 부분이 <u>붇고</u> 아파요.

(3) 운동을 하면 몸에서 <u>노페물</u>이 잘 빠져나가요.

  * 몸에서 생기는 불필요한 물질.

(4) 형민이는 코가 간지러운지 자꾸 <u>재체기</u>를 해요.

(5) 넘어진 정아가 무릎을 손으로 <u>문질르며</u> 아파해요.

(6) 비가 오고 바람이 부니 몸이 <u>으실으실</u> 추워요.

제 6 과 정확하게 글을 써요(2)

1 연극

 빈칸에 연극과 관계있는 낱말을 바르게 쓰세요.

(1) 드디어 불이 꺼지고 　고 여 　이 시작되었어요.

  * 여러 사람 앞에서 연극, 음악, 무용 등을 보여 주는 일.

(2) 가까이 가서 보니 생각보다 　ㅁ ㄷ 　가 넓었어요.

  * 연극, 춤, 노래 등을 하려고 관객 앞에 조금 높게 마련한 넓은 자리.

(3) 이 연극에는 유명한 　ㅂ ㅇ 　가 많이 출연해요.

  * 연극이나 영화 등에 출연하여 연기하는 사람.

(4) 유미는 이번 연극의 주인공이라 　ㄷ ㅅ 　가 많아요.

  * 연극이나 영화 등에서 등장인물이 하는 말.

(5) 성진이는 　ㄱ ㅂ 　을 외우며 열심히 연습했어요.

  * 연극이나 영화 등을 만들려고, 등장인물의 말이나 움직임 등을 적어 놓은 글.

2 외국에서 들어와 쓰이는 말

 빈칸에 외국에서 들어와 쓰이는 말을 넣어 문장을 완성하세요.

(1) 진석이는 발표 자료를 ┌─┬─┐
                          │파│일│ 에 담아서 책가방에 넣었어요.
                          └─┴─┘

* 여러 서류를 한데 모아 두게 만든 도구. ❹ 서류철

(2) 텔레비전을 켜려면 빨간 ┌─┬─┐
                            │버│튼│ 을 눌러야 해요.
                            └─┴─┘

* 전기 제품에 전기를 이어 주었다가 끊어 주었다가 하는 장치.

(3) 영훈이네 형은 축구를 다루는 ┌─┬─┬─┐
                                  │블│로│그│ 를 운영하고 있어요.
                                  └─┴─┴─┘

* 자유롭게 일기, 기사 등을 올리기 위해 인터넷에 만든 공간.

(4) 선풍기를 쓰려고 ┌─┬─┬─┐
                    │플│러│그│ 를 꽂았어요.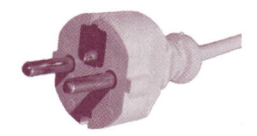
                    └─┴─┴─┘

* 전기 제품에 전기를 연결하거나 끊기 위하여 쓰는 기구.

(5) 이 집은 ┌─┬─┬─┬─┐
            │콘│크│리│트│ 로 튼튼하게 만들어졌어요.
            └─┴─┴─┴─┘

* 시멘트에 모래와 자갈 등을 적당히 섞고 물을 부어 반죽한 물질.

3 다듬은 말

✏️ '다듬은 말'은 외국에서 들어와 쓰이는 말을 우리말로 고친 것입니다. 빈칸에 다듬은 말을 알맞게 찾아 쓰세요.

> 승강기   비법   안전모
> 도표   모둠전원꽂이

(1) 헬멧 →

* 머리가 다치는 것을 막기 위하여 쓰는 모자.

(2) 엘리베이터 →

* 사람이나 짐을 위아래로 나르는 장치.

(3) 멀티탭 →

* 동시에 전기 제품 여러 개에 전기를 공급할 수 있게 만든 이동식 장치.

(4) 그래프 →

* 여러 가지 자료를 분석하여 그 관계를 알아보기 쉽게 일정한 그림으로 나타낸 표.

(5) 노하우 →

* 어떤 일을 오래 하여 자연스럽게 알게 된 방법.

4 무슨 낱말일까요?

 빈칸에 알맞은 낱말을 넣어 문장을 완성하세요.

(1) 기차의 출발 시간이 변경되었다는 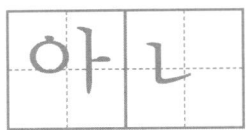 방송이 나왔어요.

* 어떤 내용을 소개하여 알려 줌.

(2) 차를 탈 때, 안전띠 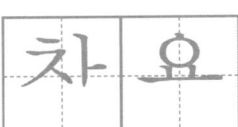 은 필수예요.

* 옷, 모자, 신발 등을 입거나 쓰거나 신음.

(3) 우리 가족은 형의 졸업을 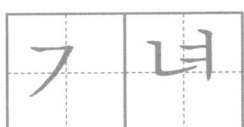 하기 위해 해외여행을 떠날 예정이에요.

* 뜻깊은 일이나 훌륭한 인물 등을 오래도록 잊지 않고 마음에 간직함.

(4) 날씨가 더워져서 아버지께 에어컨  방법을 배웠어요.

* 기계 등을 움직이게 함.

(5) 갈증 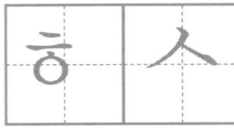 를 위해 물을 마셨어요.

* 어려운 일이나 문제가 되는 상태를 해결하여 없앰.

(6) 민주가 지우개를 안 가져와서 제가 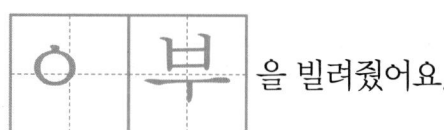을 빌려줬어요.

  * 남은 부분.

(7) 한글날은 훈민정음 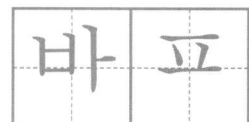를 기억하기 위해 만든 날이에요.

  * 세상에 널리 퍼뜨려 모두 알게 함.

(8) 할머니께서는 김장의 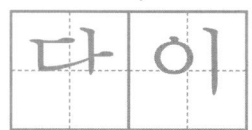이세요.

  * 어떤 분야에 대해 잘 알고 있어 남달리 뛰어난 실력을 갖춘 사람.

(9) 의사 선생님의  대로 약을 지어 먹으니 기침이 금방 멈췄어요.

  * 병을 치료하는 방법.

(10) 전기 으로 옆집에 불이 나서 소방차가 왔어요.

  * 전기가 흐르는 전선들이 직접 맞붙는 일.

(11) 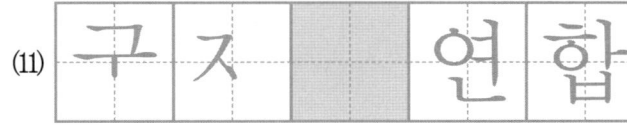 은 유엔(UN)이라고도 불러요.

  * 세계의 평화와 협력을 위해 만든 단체.

5 움직임을 나타내는 말

 빈칸에 움직임을 나타내는 말을 알맞게 넣어 문장을 완성하세요.

(1) 언니는 방이 추운지 두꺼운 담요를 　덮고　 있었어요.

 * 드러나거나 보이지 않도록 넓은 천 등을 얹어서 씌우고.

(2) 방학이 되면 일찍 자고 일찍 일어나는 습관을 　들여　 보려고 해요.

 * 버릇이나 습관을 몸에 익숙하게 하여.

(3) 성문이는 신발 끈을 꽉 　조이고　 달리기 시작했어요.

 * 느슨하거나 큰 것을 단단하거나 팽팽하게 하고.

(4) 건널목을 지날 때에는 주위를 잘 　살피며　 건너요.

 * 여기저기 빠짐없이 조심하여 잘 둘러보며.

(5) 지아야, 내일까지 숙제를 　마무리해　 오렴.

 * 일을 끝맺어.

6 다의어

✏️ **뜻을 둘 이상 지닌 낱말을 다의어라고 합니다. 밑줄 친 낱말의 뜻을 찾아 번호를 쓰세요.**

| 효과 | ① 어떤 목적을 지닌 행동으로 나타나는 보람이나 좋은 결과.
② 소리 등으로 그 장면에 알맞은 분위기를 만들어 실감 나게 하는 일. |

(1) 영화 등에서 특별하게 어떤 모습을 만들어 내는 기술을 '특수 효과'라고 해요. (   )

(2) 이 약은 상처를 빨리 낫게 하는 효과가 있어요. (   )

| 싣다 | ① 글, 그림, 사진 등을 책이나 신문 같은 출판물에 넣다.
② 물체나 사람을 옮기기 위하여 탈것, 수레 등에 올리다. |

(3) 이 책은 다른 책보다 그림을 많이 싣고 있어요. (   )

(4) 아저씨들께서 이삿짐을 트럭에 싣고 계세요. (   )

| 놓다 | ① 손으로 잡고 있던 물건을 손을 펴거나 힘을 빼서 손 밖으로 빠져 나가게 하다.
② 걱정이나 근심, 긴장 등을 잊거나 풀어 없애다.
③ 계속해 오던 일을 그만두고 하지 않다. |

(5) 할아버지께서는 다리를 다치셔서 농사일을 놓고 계세요. (   )

(6) 준비한 음식이 많으니 마음 놓고 먹으렴. (   )

(7) 성준이는 힘이 떨어져 그만 철봉을 놓고 말았어요. (   )

7 바꾸어 쓰기

 밑줄 친 부분을 한 낱말로 바꾸어 쓰세요.

(1) 컴퓨터를 너무 오래 켜 두면 <u>지나치게 뜨거워질</u> 수 있어요.

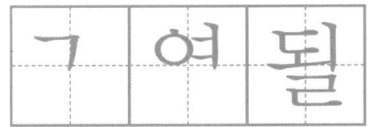

(2) <u>변함없이 부지런하고 끈기 있게</u> 노력하면 못하던 일도 잘할 수 있어요.

(3) 물을 <u>모자람이 없이 넉넉하게</u> 마셔야 건강에 좋아요.

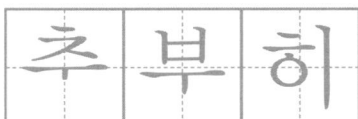

(4) 숙제를 <u>빈틈이 없이 차분하고 조심스럽게</u> 확인하고 선생님께 드렸어요.

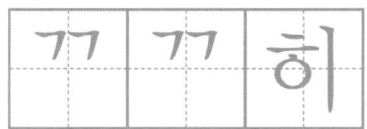

(5) 설명하는 글을 쓰는 데에 도움이 될 만한 재료를 <u>자세히 살피려고</u> 인터넷을 찾아봤어요.

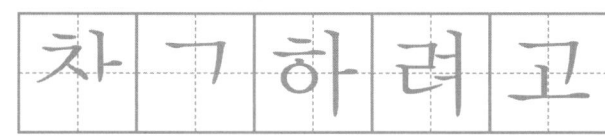

8 원고지 쓰기

 다음 문장을 괄호 안의 횟수만큼 띄워서 원고지에 옮겨 쓰세요.

(1) 도서관은이건물몇층에있나요?(5)

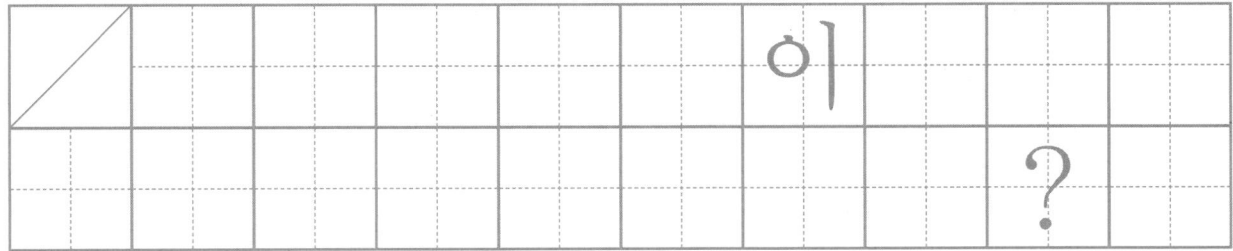

(2) 두명중한명만문제를맞혀도선물을받아요.(8)

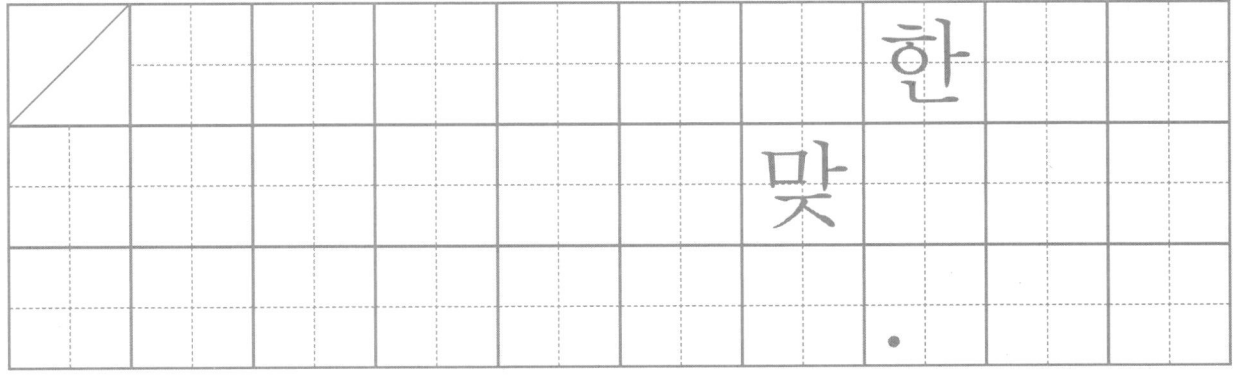

(3) 물놀이를할때에는몇가지약속을꼭지켜야해요.(8)

매체 온라인 상황에서 글을 써요

1 인터넷

 다음 설명을 읽고 인터넷과 관계있는 낱말을 빈칸에 쓰세요.

(1) 인터넷상에 누군가 쓴 글에 대해 다른 사람이 짧게 답하여 올리는 글.

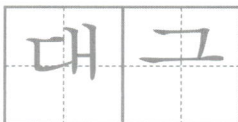

(2) 정보나 의견, 감정 등을 나눔.

(3) 인터넷상에서 여러 사람에게 알리는 글을 볼 수 있으면서, 자신의 글도 올릴 수 있는 공간.

(4) 자료, 정보 등을 주고받거나 의사소통을 하기 위해 인터넷상에 만든 공간. 비 홈페이지

(5) 컴퓨터나 휴대 전화의 문자, 기호, 숫자 등을 모아 만든 그림 문자. 비 이모티콘

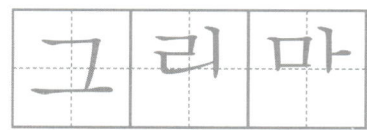

2 우리 문화

 그림과 설명을 보고 우리 문화를 나타내는 낱말을 빈칸에 쓰세요.

(1)

우리나라의 전통 의상. 오늘날에는 주로 결혼식이나 명절 같이 특별한 날에 입는다.

하	보

(2)
← 공이

곡식을 짓누르거나 내리칠 때 쓰는, 속이 움푹 들어간 통. 보통 나무나 돌로 만든다.

저	ㄱ

(3)

떡을 만들기 위하여 찐 쌀을 칠 때에 쓰는 도구.

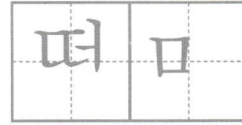

떠	ㅁ

(4)

두 사람이 일정한 거리에서 화살을 던져 누가 병 속에 많이 넣는지로 승부를 가리는 전통놀이.

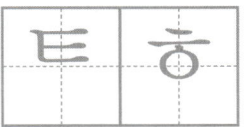

ㅌ	ㅎ

3 무슨 낱말일까요?

빈칸에 알맞은 낱말을 넣어 문장을 완성하세요.

(1) 석찬이는 영화를 본 뒤에  를 썼어요.

* 어떤 일을 끝낸 뒤에 느낀 점이나 평가, 경험 등을 정리해서 쓴 글이나 말.

(2) 저는 동화 속 주인공이 용기를 내는 장면에서  했어요.

* 남의 기분, 생각 등에 대하여 자기도 그렇다고 느낌.

(3) 투표가 끝나자마자 선생님께서 결과를  하셨어요.

* 어떤 사실이나 내용, 사물 등을 여러 사람에게 널리 드러냄.

(4) 사진을 사용할 때에는 다른 사람의  을 신경 써야 해요.

* 자신의 얼굴이나 모습을 촬영하거나 공개하는 것을 결정할 수 있는 권리.

(5) 어린이  활동을 하면서 글쓰기 실력이 많이 늘었어요.

* 신문, 방송 등에 실을 기사를 쓰거나 편집하는 사람들로 이루어진 집단.

(6) 추석을 맞아 민속촌에서 전통놀이 한마다 이 열렸어요.

* 여럿이 어울려 즐기는 큰 행사나 잔치.

(7) 할머니께서는 직접 쌀을 찌어 떡을 만드셨어요.

* 작게 부수거나 가루로 만들기 위해 절구에 넣고 공이로 내리쳐.

(8) 동생은 장난감을 살 때마다 ㅅ주하게 골라요.

* 매우 조심스럽게.

(9) 어제 꾼 꿈이 아직도 새ㅅ하게 기억나요.

* 바로 눈앞에 보이는 것처럼 분명하고 또렷하게.

(10) 하늘에 떠 있는 무지개가 정말 화호해요.

* 눈이 부실 정도로 아름답고 화려해요.

(11) 남의 ㄱ이 정보 를 함부로 알려 주면 안 돼요.

* 이름, 주소, 전화번호, 생일과 같이 자신과 남을 구별해 주는 정보.

제 7 과 서로 존중하며 대화해요(1)

1 누구일까요?

 다음 설명에 어울리는 사람을 빈칸에 쓰세요.

(1) 가게에서 돈을 받고 일을 하는 사람. 물건을 팔거나 그 밖의 일을 맡아 한다.

(2) 어떤 사람보다 더 낮은 자리에 있어 명령을 따르는 사람.

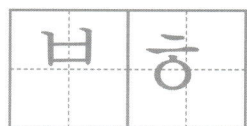

(3) 손자와 손녀를 함께 이르는 말.

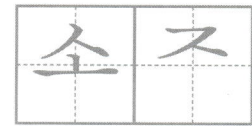

(4) 태권도나 유도, 바둑 등의 기술을 가르치는 사람.

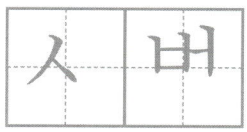

(5) 모임이나 행사 등을 진행하는 사람.

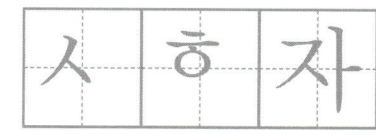

2 끝말잇기

✏️ 다음 뜻을 보고 알맞은 낱말을 넣어 끝말잇기를 하세요.

(1) 자 ㅅ

이익을 얻으려고 물건을 사서 파는 일.

→

(2) ㅅ 저

낱말을 모아 일정한 순서로 늘어놓고 그 발음, 의미 등을 설명한 책.

↓

(3) ㅇ ㅂ

수업을 듣기 위해 학원에 내는 돈.

←

전 학

다니던 학교에서 다른 학교로 옮겨 가서 배움.

↓

(4) ㅂ 혀 ㅅ

현재 실제로 존재하지 않는 일이나 상태.

→

(5) ㅅ 처

생각한 것을 실제로 함.

↓

(7) ㅈ 화 요

다 쓰거나 못 쓰게 된 물건을 다시 씀.

←

(6) 처 ㅈ

태어날 때부터 남보다 훨씬 뛰어난 능력이나 재주를 가진 사람.

3 높임 표현

1. 자신을 낮추거나 상대를 높이는 낱말을 사용합니다.
   - 예) 나 → 저, 우리 → 저희 / 나이 → 연세, 먹다 → 들다(잡수다)

2. '-ㅂ(습)니다'나 '요'를 사용해 문장을 끝맺습니다.
   - 예) 어머니, 사랑해. → 어머니, 사랑합니다. / 어머니, 사랑해요.

3. '이/가'나 '에게' 대신 높임을 나타내는 '께서'나 '께'를 사용합니다.
   - 예) 선생님이 광수를 부르셨다. → 선생님께서 광수를 부르셨다.
     어머니에게 꽃을 드렸다. → 어머니께 꽃을 드렸다.

4. 높임을 나타내는 '-(으)시-'를 사용합니다.
   - 예) 아버지께서 이발소에 간다. → 아버지께서 이발소에 가신다.

단, 물건에는 높임 표현을 쓰지 않습니다.
   - 예) 이 자전거께서는 신상품이십니다. → 이 자전거는 신상품입니다.

 밑줄 친 부분을 높임법에 맞게 고쳐 쓰세요.

(1) 주희는 어머니를 데리고 편의점에 갔어요.

(2) 오늘 아버지께서 외국으로 출장을 갑니다.

(3) 할머니께서 보내신 택배가 도착하셨어요.

(4) 이 꽃을 할아버지에게 드려야지!

(5) 아버지, 고마워.

(6) 선생님께서는 말을 재밌게 해요.

_____ , _____

(7) 손님, 주문한 음료 나오셨습니다.

_____ , _____

(8) 오늘은 할머니께서 집으로 돌아가는 날입니다.

_____ , _____

밑줄 친 부분을 바르게 고쳐 문장을 다시 쓰세요.

(9) 이모, 이 책 다 읽었어?

___

(10) 선생님이 나에게 질문을 했어요.

___

(11) 할아버지가 쿨쿨 자고 있어요.

___

(12) 할머니, 배고플 텐데 얼른 밥 먹어.

___

(13) 나는 아버지에게 이모부의 이름을 물어 보았어요.

___

(14) 이것은 우리가 어머니에게 주려고 만든 선물이세요.

___

4 무슨 뜻일까요?

✏️ 밑줄 친 낱말의 뜻을 찾아 번호를 쓰세요.

(1) 저는 부모님을 항상 우러러봐요. ( )

　① 아끼고 소중히 여겨요.

　② 마음속으로 존경해요.

　③ 본받고 싶어요.

(2) 강진이는 할머니와 부딪치자 굽실대며 사과했어요. ( )

　① 만족스러운 듯이 가볍게 자꾸 웃으며.

　② 두 손을 모아 싹싹 비비며.

　③ 고개나 허리를 자꾸 구부렸다 펴며.

(3) 저에게 너무 재촉하지 마세요. ( )

　① 어떤 일을 빨리하도록 조르지.

　② 잘못을 드러내 나쁘게 말하지.

　③ 어떤 일을 억지로 요구하지.

(4) 정민이가 동국이를 마뜩잖은 눈으로 쳐다봐요. ( )

　① 가엾고 불쌍하여 마음이 슬픈.

　② 마음에 들지 않은.

　③ 놀라서 어찌할 줄 모르는.

5 외국에서 들어와 쓰이는 말

 빈칸에 외국에서 들어와 쓰이는 말을 넣어 문장을 완성하세요.

(1) 우리 가족은 주말마다 다 함께 에 가요.

* 다른 곳보다 물건이 싸고 규모가 큰 상점.

(2) 오늘 급식 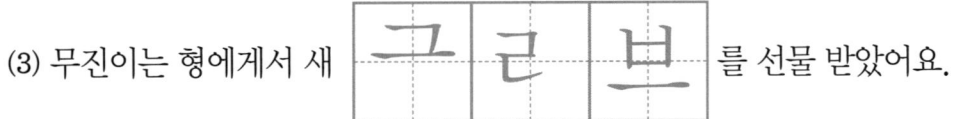가 무엇일지 매우 궁금해요.

* 먹을 요리의 종류.

(3) 무진이는 형에게서 새 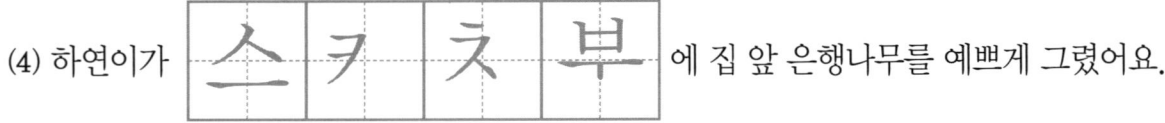를 선물 받았어요.

* 야구, 하키, 펜싱 등을 할 때 손에 끼는 장갑.

(4) 하연이가 에 집 앞 은행나무를 예쁘게 그렸어요.

* 그림을 그릴 수 있도록 종이 여러 장을 한데 모아서 만든 책.

(5) 아버지께서는 매일 아메리카노를 한 잔씩 드세요.

* 진한 커피에 물을 섞어서 연하게 만든 음료.

6 꾸며 주는 말

 빈칸에 꾸며 주는 말을 알맞게 넣어 문장을 완성하세요.

(1) 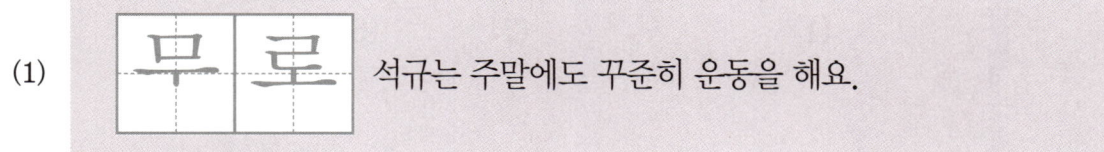 석규는 주말에도 꾸준히 운동을 해요.

  * 말할 것도 없이.

(2) 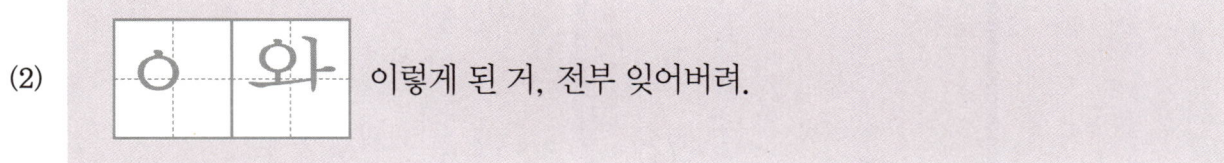 이렇게 된 거, 전부 잊어버려.

  * 이미 그렇게 된 상황에. 🔵 어차피

(3) 배가 너무 고팠는데 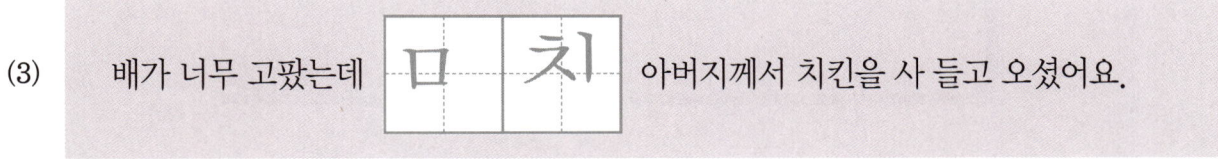 아버지께서 치킨을 사 들고 오셨어요.

  * 어떤 기회나 상황에 딱 알맞게.

(4) 채욱이는 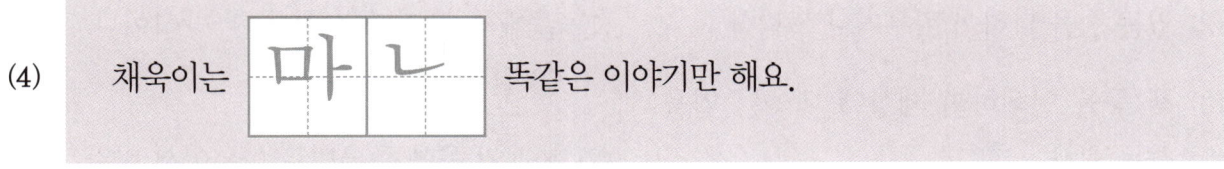 똑같은 이야기만 해요.

  * 매일같이 계속하여서. 🔵 나날이

(5) 초희는 걸음이 느려서 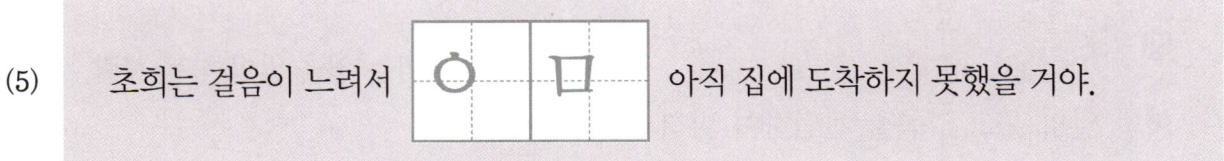 아직 집에 도착하지 못했을 거야.

  * 짐작하거나 생각해 볼 때 그럴 가능성이 크다는 뜻을 나타내는 말.

7 십자말풀이

 가로 열쇠와 세로 열쇠를 잘 읽고, 빈칸을 채우세요.

	(1)		(7)	(6)
(2)분				매
			(5)	
		(4)성		
(3)				

가로 열쇠

(2) 있는 힘을 다하여 싸우거나 노력함.

(3) 책 등을 인쇄하여 세상에 내놓는 일을 하는 회사.

(4) 거짓이 없이 바르고 정성스러운 뜻.

(5) 어떤 모임을 구성하고 있는 사람들.
   🔵 일원

(7) 어떤 일의 옳고 그름을 판단하여 밝히거나 잘못된 점을 지적함. 🔵 비평

세로 열쇠

(1) 말에서 드러나는 독특한 방식이나 느낌.
   🔵 말본새

(2) 쓰레기 등을 종류별로 나누어서 버림.

(4) 일이 이루어짐.

(5) 여럿이 모여 의논함.

(6) 상품 등을 파는 일을 맡아 하는 사람.
   🔵 점원

제 8 과 서로 존중하며 대화해요(2)

1 대화 예절

✏️ 다음은 대화할 때에 지켜야 할 예절입니다. 빈칸에 알맞은 낱말을 쓰세요.

(1) ┌고┬ㄱ┬자┬소┐ 에서는 조용히 대화해요.

　* 여러 사람이 함께 이용하는 곳.

(2) 웃어른과는 ┌고┬소┬한┐ 태도로 대화해요.

　* 말이나 행동이 겸손하고 예의 바른.

(3) 대화의 목적을 생각해서 ┌ㅈ┬ㅈ┐ 와 관련한 말을 해요.

　* 대화 등에서 중심이 되는 문제.

(4) 귓속말을 하면 다른 친구가 ┌ㅅ┬ㅇ┬가┐ 을 느낄 수 있으니 주의해요.

　* 남에게 따돌림을 당하는 듯한 느낌.

(5) 전화로 대화할 때에는 먼저 친구가 ┌토┬ㅎ┐ 할 수 있는 상황인지 물어요.

　* 전화로 말을 주고받음.

2 -거리다

 빈칸에 '-거리다'가 들어간 낱말을 알맞게 쓰세요.

(1) 정희와 소현이가 선생님 몰래  .

　* 남이 알아듣지 못하도록 작은 목소리로 자꾸 이야기해요.

(2) 희재가 건널목을 건널까 말까  .

　* 빨리 결정하여 말하거나 행동하지 못하고 자꾸 망설여요.

(3) 형은 자동차가 멋있는지 자꾸  .

　* 눈을 옆으로 돌려 자꾸 슬쩍슬쩍 쳐다봐요.

(4) 학교에서 상을 받은 동생이 하루 종일  .

　* 떳떳하고 자신만만한 태도로 자꾸 보란 듯이 자랑해요.

(5) 명재는 나가는 게 귀찮은지  .

　* 제자리에서 몸이나 몸의 일부를 조금 큰 동작으로 자꾸 게으르게 움직여요.

3 같은 소리, 다른 뜻

 글자의 모양과 소리는 같지만 뜻이 다른 낱말이 있습니다. 괄호 안에 공통으로 들어갈 낱말을 빈칸에 쓰세요.

(1)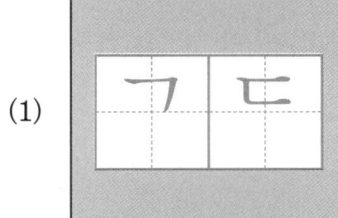
① 아버지는 매일 밤에 (　)를 깨끗이 닦으세요.
　* 가죽이나 비닐 등을 재료로 하여 만든 서양식 신발.
② 내일 박물관에 가기로 동하와 (　)로 약속했어요.
　* 마주 대하여 입으로 하는 말.

(2)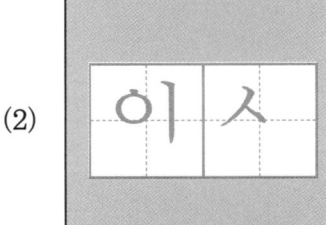
① 희준이는 어머니의 커피를 마시더니 (　)을 찌푸렸어요.
　* 사람 얼굴의 생김새. 또는 그 얼굴의 근육.
② 물감 가격이 (　)되어 용돈으로는 살 수 없어요.
　* 물건값이나 월급, 요금 등을 올림.

(3)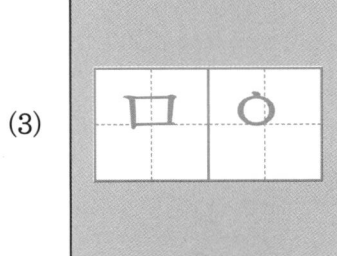
① 저와 친구들은 그 문제를 풀기 위해 (　)를 했어요.
　* 어떤 일을 이루기 위해 모여서 의논함.
② 내일 발표를 위해 친구들과 (　)해 보았어요.
　* 실제의 일을 흉내 내어 그대로 해 봄.

(4)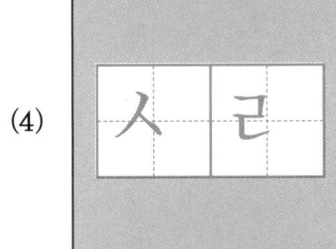
① 현준이는 구체적인 (　)를 들어 알기 쉽게 설명했어요.
　* 어떤 일이 전에 실제로 일어난 예.
② 유라는 잃어버린 지갑을 찾아 준 진희에게 (　)를 했어요.
　* 말, 행동, 선물 등으로 상대에게 고마움을 나타냄.

4 무슨 낱말일까요?

✏️ 다음을 읽고, 동그라미 속 자음자로 시작하는 낱말을 빈칸에 쓰세요.

(1)
- 예 방학이 시작되었으니 ㅇㅊ 에 책을 많이 읽을 거예요.
- 뜻 마침 이번에 온 기회.

(2)
- 예 사또의 ㅎㅌ 에 도둑은 몸을 벌벌 떨었어요.
- 뜻 몹시 화가 나서 크게 지르는 소리.

(3)
- 예 우리는 ㅁㄷ 활동을 통해 협동심을 배울 수 있어요.
- 뜻 학교에서, 단체 활동을 위하여 학생들을 작은 규모로 묶은 모임.

(4)
- 예 새해를 맞아 문구점에서 ㅎㅇ 행사를 해요.
- 뜻 일정한 값에서 얼마를 뺌.

(5)
- 예 친구들이 놀고 간 뒤에 제 방은 ㅇㅁ 이 되었어요.
- 뜻 일이나 물건이 뒤섞여 어지러운 상태.

빈칸에 알맞은 낱말을 넣어 문장을 완성하세요.

(6) 형은 ┌─┬─┐ 선수가 되고 싶어 해요.
     │권│투│
     └─┴─┘

  * 두 사람이 양손에 장갑을 끼고 상대편 허리 윗부분을 쳐서 승부를 겨루는 경기.

(7) 사소한 일에 ┌─┬─┬─┬─┐ 말고 차분하게 행동해 봐.
              │발│끈│하│지│
              └─┴─┴─┴─┘

  * 보잘것없이 작은 일에 쉽게 왈칵 화를 내지.

(8) 지훈이는 저의 질문에 ┌─┬─┬─┬─┐ 대답했어요.
                     │투│덜│스│레│
                     └─┴─┴─┴─┘

  * 마음에 들지 않아 말이나 태도가 상냥하지 않게.

(9) 해인이는 모든 일에 ┌─┬─┬─┬─┐ 하는 친구예요.
                   │솔│선│수│범│
                   └─┴─┴─┴─┘

  * 남보다 앞장서서 행동하여 스스로 다른 사람의 본보기가 됨.

(10) 동 주민 센터는 ┌─┬─┬─┬─┬─┐ 중 하나예요.
                 │공│공│ │기│관│
                 └─┴─┴─┴─┴─┘

  * 국가가 운영하며, 사회의 여러 사람과 관계있는 일들을 처리하는 기관.

제 8 과 서로 존중하며 대화해요(2)

5 흉내 내는 말

✏️ 빈칸에 흉내 내는 말을 알맞게 넣어 문장을 자세히 표현하세요.

(1) 누군가 "불이야!" 하고 외치자, 모두가 놀라 [ㅂ][떠] 일어났어요.

* 눕거나 앉아 있다가 조금 큰 동작으로 갑자기 일어나는 모양.

(2) 우리 집 강아지 보리가 달려오더니 제 품에 [ㅇ][라] 안겼어요.

* 급하게 달려들거나 잡아당기는 모양.

(3) 저는 구름 위를 [ㅂ][부] 떠다니는 꿈을 꿨어요.

* 계속해서 공중에 떠다니는 모양.

(4) 재욱이는 옷에 묻은 음식물을 물휴지로 [싸][쓰] 닦았어요.

* 거침없이 자꾸 밀거나 쓸거나 비비거나 하는 모양.

(5) 주사를 맞은 곳에 솜을 대고 [ㅈ][ㄱ][ㅅ] 누르고 있으렴.

* 천천히 힘을 주는 모양.

흉내 내는 말을 빈칸에 알맞게 넣어 문장을 완성하세요.

> 속닥속닥　　　꼬박꼬박
> 부들부들　　　절레절레

(6) 진태는 화가 나서 온몸을 　부들부들　 떨어요.

  * 몸을 자꾸 크게 부르르 떠는 모양.

(7) 경아는 숙제가 어려운지 고개를 　절레절레　 저어요.

  * 머리를 좌우로 자꾸 흔드는 모양.

(8) 미나와 채희가 　속닥속닥　 비밀 이야기를 나누어요.

  * 남이 알아듣지 못하도록 작은 목소리로 자꾸 이야기하는 모양.

(9) 동생은 아버지 말씀마다 　꼬박꼬박　 말대꾸를 해요.

  * 어김없이 그대로 계속하는 모양.

6 비슷한말, 반대말

✏️ 밑줄 친 낱말의 비슷한말이나 반대말을 빈칸에 쓰세요.

(1)
- 범석이는 학교에 겉옷을 두고 집에 와 버렸어요.
- 아버지께서 생일 선물로 새 [비] ㅇ ㅌ 를 사 주셨어요.

(2)
- 우체국 건너편에 편의점이 새로 생겼어요.
- 학교의 [비] 마 으 편 빌딩에서 큰불이 났어요.

(3)
- 사고 싶은 책이 품절되어 너무 아쉬워요.
- 인기 상품은 금방 [비] ㅁ 지 되 어 살 수 없어요.

(4)
- 어머니께서 학교 앞까지 저를 마중 나오셨어요.
- 언니는 우리 가족의 [반] ㅂ 우 을 받으며 기차에 탔어요.

(5)
- 저 친구의 이름은 생각나지 않는데 얼굴이 왠지 낯익어요.
- 방학이 끝나고 등교하니 반 친구들이 [반] 나 서 어 요.

7 원고지 쓰기

 다음 문장을 괄호 안의 횟수만큼 띄워서 원고지에 옮겨 쓰세요.

(1) 내말을못들은척무시하지마.(6)

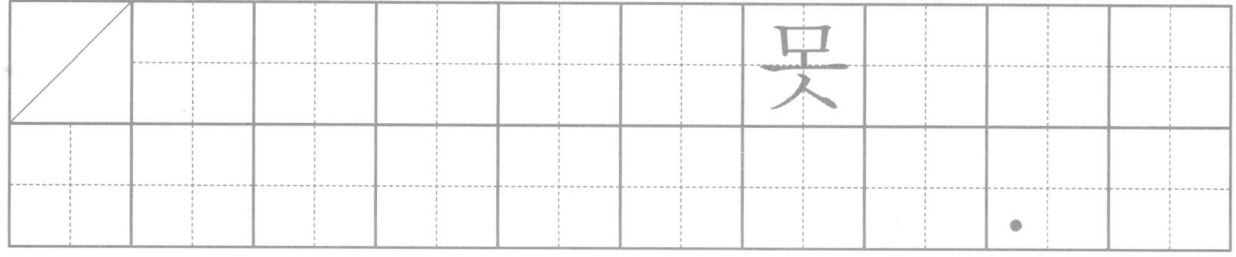

(2) 승재뿐아니라효수까지내게거짓말을할줄은몰랐어.(7)

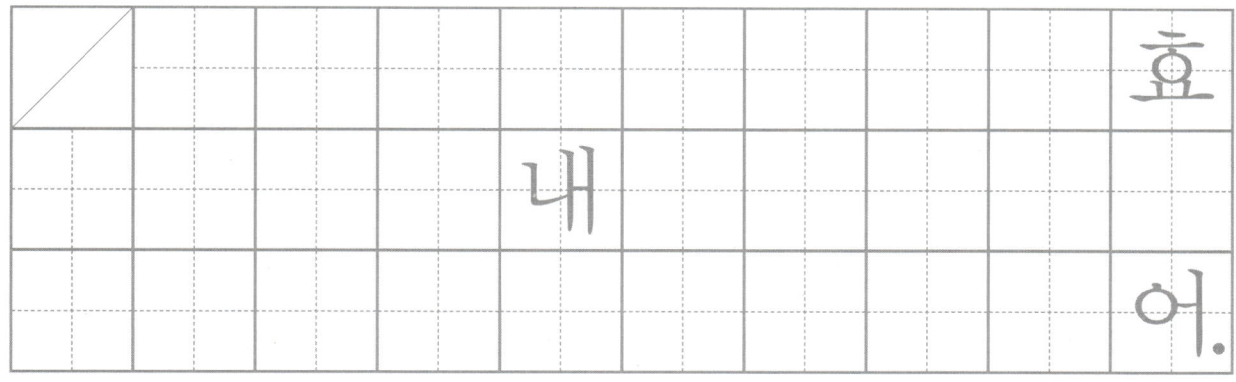

(3) 상우는그림을잘그릴뿐아니라노래도잘불러요.(8)

제 8 과   서로 존중하며 대화해요(2)

제 9 과 사전으로 여는 세상(1)

1 말놀이

✏️ 다음 규칙에 맞추어 빈칸에 낱말을 쓰세요.

(1) '나' 자로 시작하는 말.

(2) '자' 자로 시작하는 말.

(3) '리' 자로 끝나는 말.

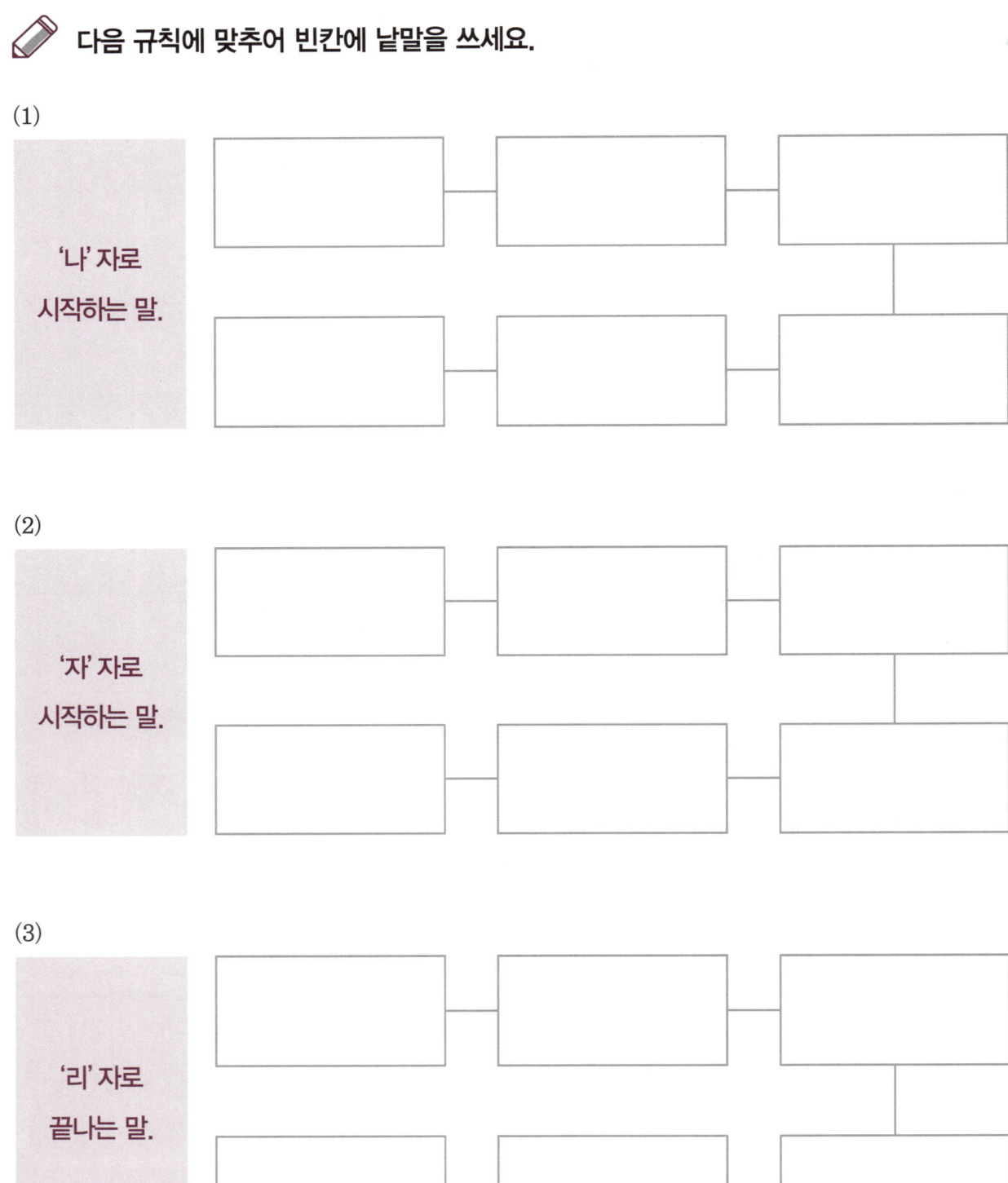

2 어울리는 말

 아래 뜻에 알맞은 낱말을 빈칸에 쓴 뒤, 그 낱말과 어울리는 말을 바르게 이으세요.

(1)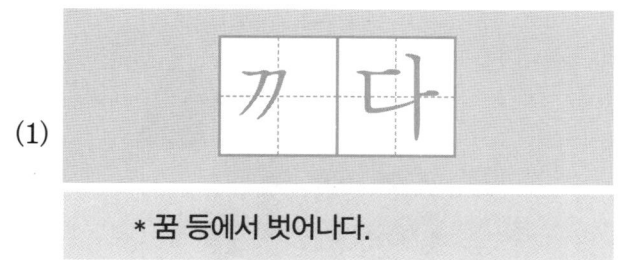
* 꿈 등에서 벗어나다.

• 손으로 귀를 (   ).

(2)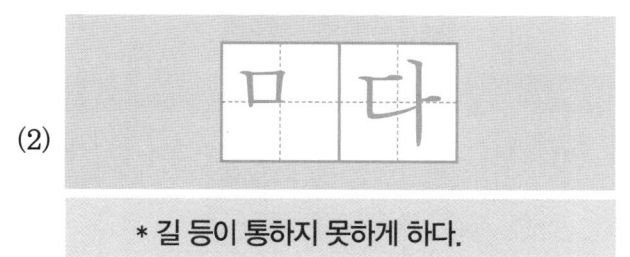
* 길 등이 통하지 못하게 하다.

• 아기가 잠에서 (   ).

(3)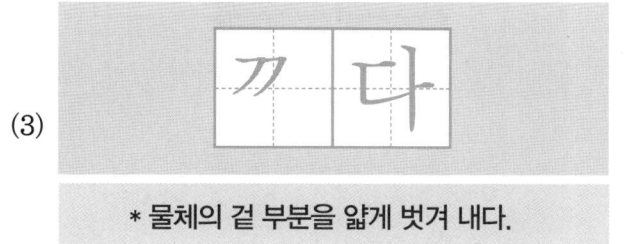
* 물체의 겉 부분을 얇게 벗겨 내다.

• 나무로 의자를 (   ).

(4)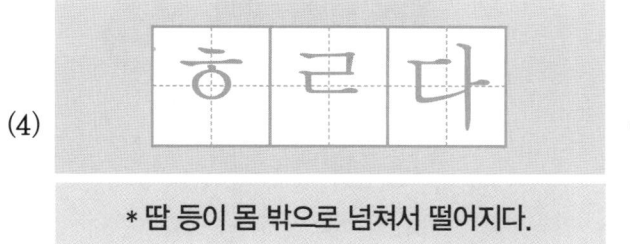
* 땀 등이 몸 밖으로 넘쳐서 떨어지다.

• 사과 껍질을 (   ).

(5)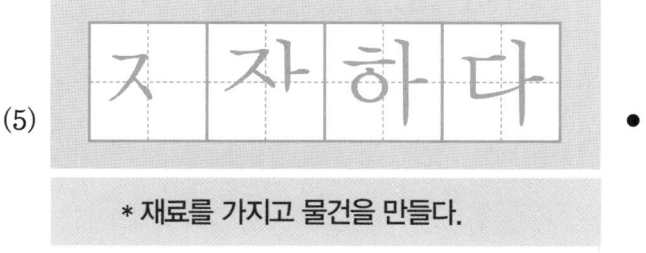
* 재료를 가지고 물건을 만들다.

• 눈에서 눈물이 (   ).

3 딸기는 어때?

 다음 그림을 보고 빈칸에 들어갈 낱말을 알맞게 쓰세요.

(1) 딸기는 　맛　이　어　.　→　(2) 　맛　이　으면　 수박.

* 음식의 맛이 좋아.

수박은 　도　ㄱ　래　.

(3) 　도　ㄱ　라면　 사탕.

사탕은 　다　아　.

(4) 　다　면　 초콜릿.

초콜릿은 　까　ㅁ　.

* 불빛이 전혀 없는 밤같이 아주 어두워.

4 낱말의 종류

낱말은 다음과 같이 나뉘기도 합니다.

1. 이름을 나타내는 말
   예) 호랑이는 동물이다.

2. 움직임을 나타내는 말(어찌하다)
   예) 새가 날다.

3. 성질이나 상태를 나타내는 말(어떠하다)
   예) 꽃이 아름답다.

✏️ 다음 낱말들을 이름을 나타내는 말, 움직임을 나타내는 말, 성질이나 상태를 나타내는 말로 나누어 쓰세요.

> 축구공   앉다   파랗다   인형
> 차갑다   뛰다   물   잡다   귀엽다

(1) 이름을 나타내는 말

(2) 움직임을 나타내는 말

(3) 성질이나 상태를 나타내는 말

5 무슨 낱말일까요?

 빈칸에 알맞은 낱말을 넣어 문장을 완성하세요.

(1) 형은 여러 사람과 함께 동굴 탐험 을 떠났어요.

* 위험을 각오하고 어떤 곳을 찾아가서 살펴보고 조사함.

(2) 지구는 태양의 주위를 도는 행성 이에요.

* 중심 별이 강하게 끌어당기는 힘 때문에 그 별의 주위를 도는 물체.

(3) 아버지는 회사에서 좋은 성과 를 내셨어요.

* 이루어 낸 결과.

(4) 산 정상에 올라갔더니 안개 사이로 마을의 윤곽 이 어렴풋이 보였어요.

* 물체의 테두리나 자세하지 않은 모습.

(5) 선생님은 소풍 장소를 답사 하고 오셨어요.

* 현장에 가서 직접 보고 조사함.

(6) 경문이는 과학 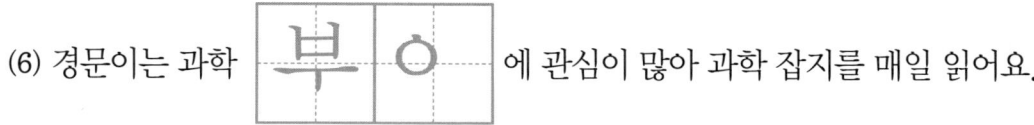 에 관심이 많아 과학 잡지를 매일 읽어요.

* 학문이나 활동 등을 어떤 기준에 따라 나눈 범위.

(7) 선영이는 바닷가에서  에 떠밀려 온 해파리를 발견했어요.

* 일정한 방향과 빠르기로 이동하는 바닷물의 흐름.

(8) 바다에서 수영하기에는 아직 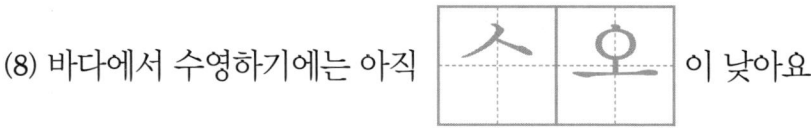 이 낮아요.

* 물의 온도.

(9) 동건이는 우리나라에  하는 동식물을 조사했어요.

* 일정한 범위에 흩어져 퍼져 있음.

(10) 제가 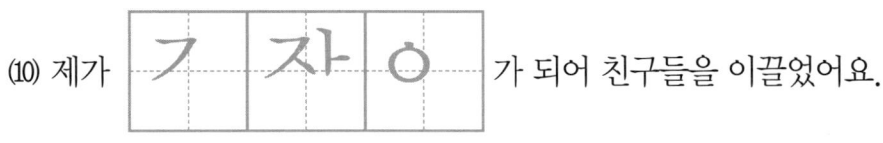 가 되어 친구들을 이끌었어요.

* 길을 안내해 주는 사람이나 사물.

(11) 문화유산에는 우리 조상들의 지혜가  있어요.

* 감정, 생각, 노력 등이 담겨.

6 꾸며 주는 말

✏️ 빈칸에 꾸며 주는 말을 알맞게 넣어 문장을 자세히 표현하세요.

(1) 수진이는 집에 가는 길 ㄴ ㄴ 콧노래를 흥얼거렸어요.

   * 처음부터 끝까지 계속해서.

(2) 연못가에서 개구리가 퍼 쩍 뛰었어요.

   * 갑자기 크고 힘 있게 뛰어오르거나 날아오르는 모양.

(3) 음식을 많이 준비했으니 야 껏 드세요.

   * 할 수 있는 양까지.

(4) 어머니는 울고 있는 동생을 사 프 시 안아 주셨어요.

   * 포근하게 살며시.

(5) 포도가 ㅇ 알 이 잘 익어 탐스러워 보였어요.

   * 한 알 한 알마다.

7 마음

다음 설명을 읽고, '마음'을 뜻하는 낱말을 빈칸에 알맞게 쓰세요.

(1)	거짓이 없는 진실한 마음.	ㅈ 심
(2)	확실히 알 수 없어서 믿지 못하는 마음.	ㅇ
(3)	어떻게 하기로 굳게 정한 마음.	결
(4)	두려워하고 무서워하는 마음.	고 ㅍ
(5)	새롭고 신기한 것을 좋아하거나 모르는 것을 알고 싶어 하는 마음.	ㅎ ㄱ
(6)	자기 자신이나 자신이 하는 일을 당당하고 자랑스럽게 생각하는 마음. 🔵 자긍심	ㅈ ㅂ

제 9 과 사전으로 여는 세상(1)

8 낱말 뜻풀이

 빈칸에 알맞은 낱말을 넣어서 밑줄 친 말의 뜻을 풀이하세요.

(1) 지혁이는 학교에서 보건 교육을 받았어요.

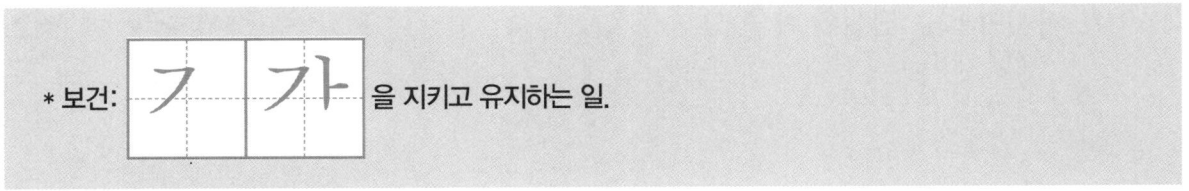
* 보건: ㄱ ㄱ 을 지키고 유지하는 일.

(2) 오늘은 우리 가게의 휴무일이에요.

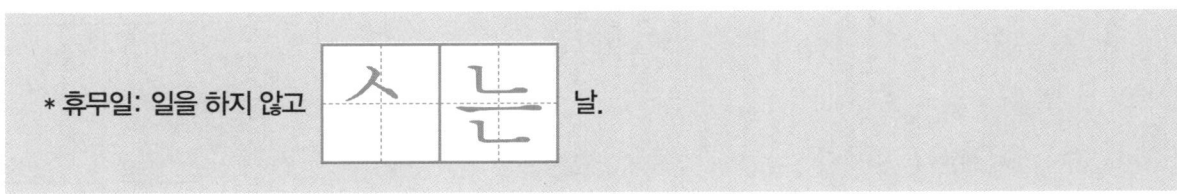
* 휴무일: 일을 하지 않고 ㅅ ㄴ 날.

(3) 우리나라도 이제 세계에서 인정받는 선진국이 되었어요.

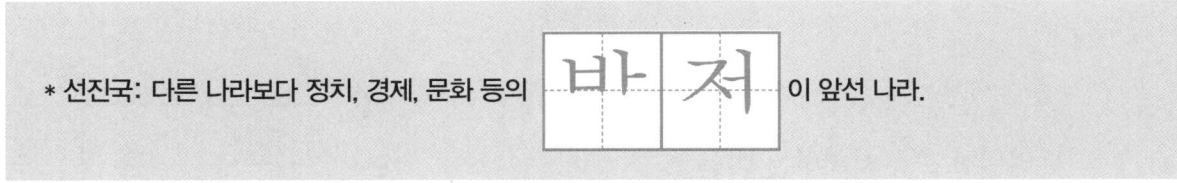
* 선진국: 다른 나라보다 정치, 경제, 문화 등의 ㅂ ㅈ 이 앞선 나라.

(4) 선생님은 준비물을 꼭 챙겨오라고 거듭해서 말씀하셨어요.

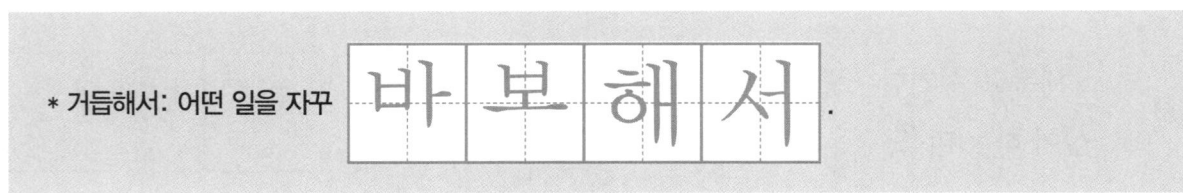
* 거듭해서: 어떤 일을 자꾸 ㅂ ㅂ 해서.

(5) 지하자원에는 철, 석유, 석탄 등이 있어요.

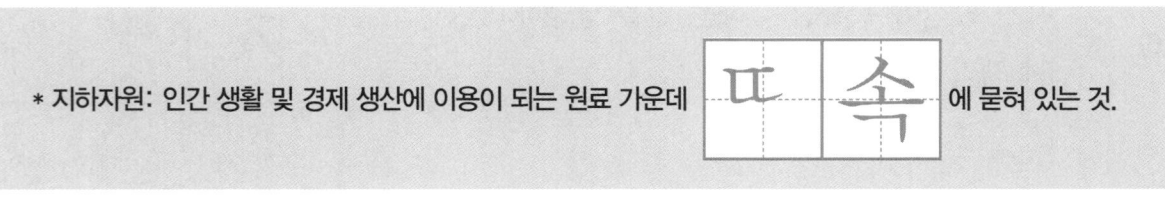
* 지하자원: 인간 생활 및 경제 생산에 이용이 되는 원료 가운데 ㄸ 속 에 묻혀 있는 것.

제 10 과 사전으로 여는 세상(2)

1 세계 지도

 지도를 보고, 설명에 알맞은 낱말을 찾아 쓰세요.

(1) 동쪽은 아시아 대륙과, 남쪽은 지중해와 닿아 있는 대륙. 독일, 프랑스, 그리스 등이 있다.

(2) 세계에서 가장 큰 대륙. 태평양과 인도양에 접해 있다. 우리나라, 일본, 중국 등이 있다.

(3) 세계에서 두 번째로 큰 대륙. 인도양의 서쪽, 대서양의 동쪽에 있다. 이집트, 가나 등이 있다.

(4) 태평양의 동쪽, 대서양의 서쪽에 있는 대륙. 브라질, 아르헨티나, 칠레 등이 있다.

2 어디일까요?

 다음 설명을 읽고 빈칸에 알맞은 장소를 쓰세요.

(1) 진흙으로 된 바닥에 물이 얕게 고여 있어 질퍽한 곳.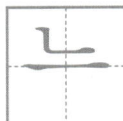

(2) 강이나 바다처럼 물이 있는 곳을 제외한 지구의 겉면.

(3) 산과 산 사이를 따라 움푹 패어 들어가 물이 흐르는 곳.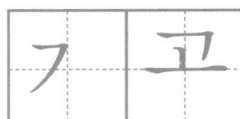

(4) 큰 나무들이 촘촘하게 들어선 깊은 숲. 🔴 밀림

(5) 지구의 남쪽 끝에 있는 넓은 지역.

(6) 바다의 밑바닥.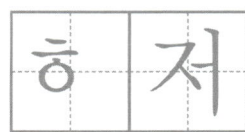

3 사이시옷

두 낱말이 합쳐지면서 둘 사이에 시옷이 붙기도 하는데, 이것을 '사이시옷'이라고 합니다. 동그라미 속 자음으로 시작하는 두 말을 합쳐 알맞은 낱말을 쓰세요.

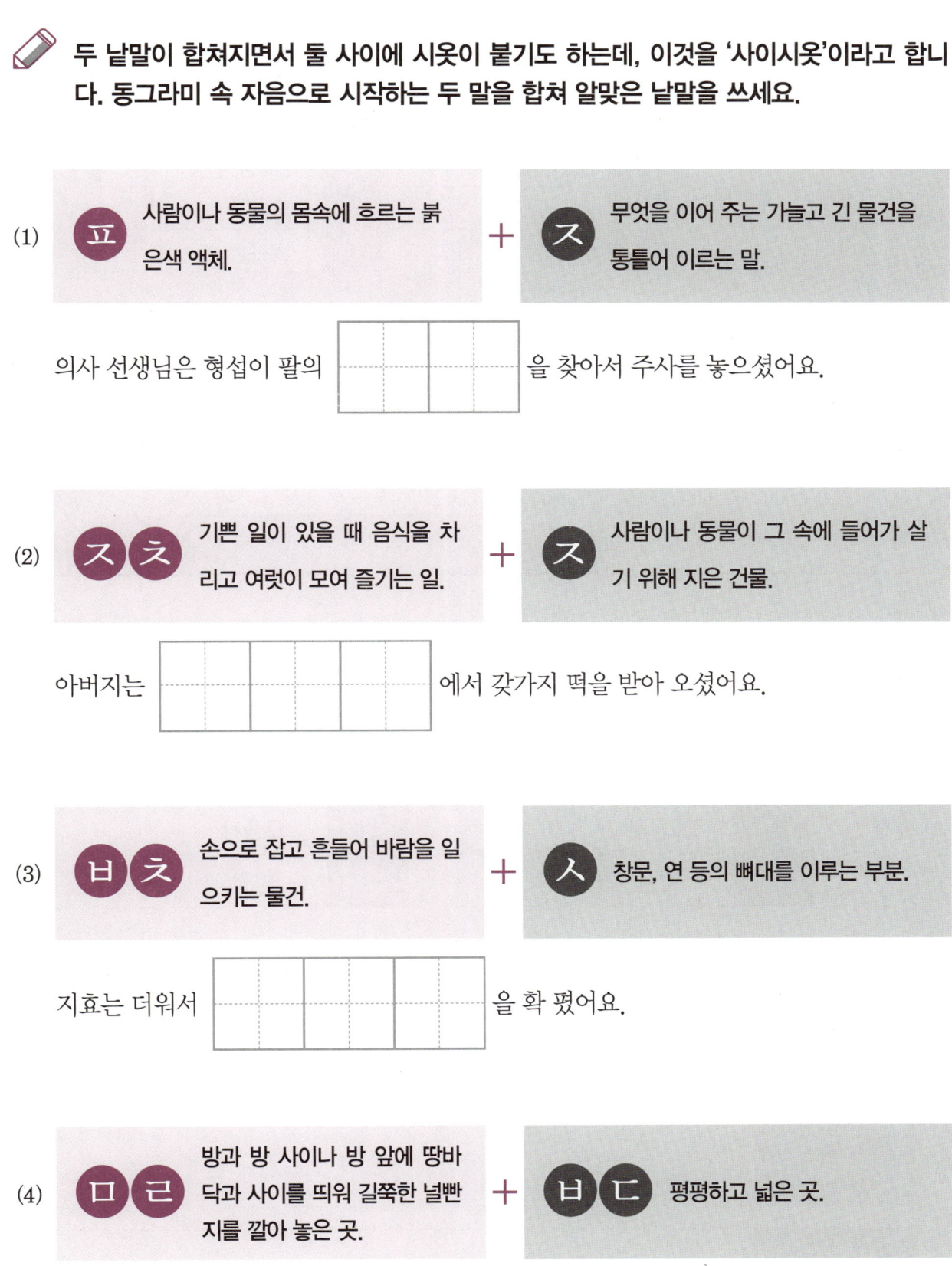

4 국어사전에서 낱말을 찾는 방법

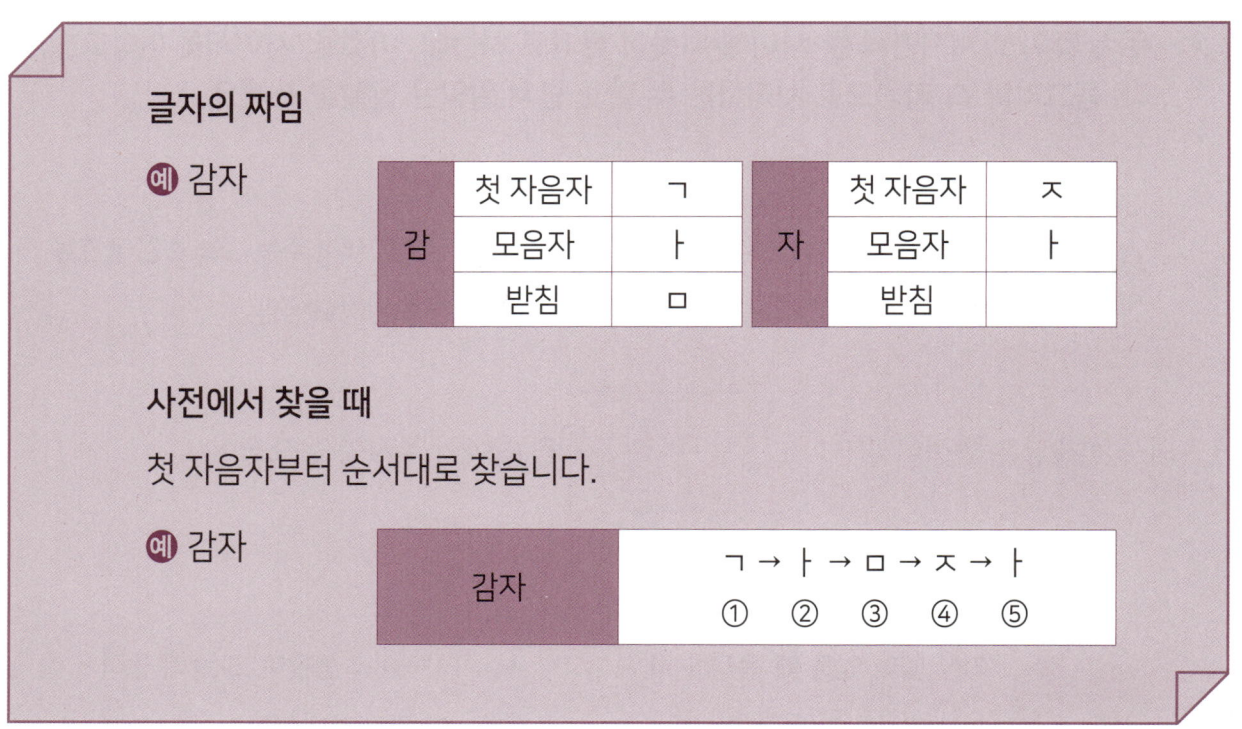

✏️ 다음 낱말을 이루는 글자의 짜임을 알맞게 쓰세요.

(1) 바람

바	첫 자음자	
	모음자	
	받침	

람	첫 자음자	
	모음자	
	받침	

✏️ 아래 낱말을 사전에서 찾을 때 어떤 순서로 찾아야 하나요? 순서대로 쓰세요.

(2) 강   (　　) → (　　) → (　　)

(3) 자연   (　　) → (　　) → (　　) → (　　) → (　　)

국어사전에서 자음과 모음을 찾는 순서입니다.

첫 자음자
ㄱ ㄲ ㄴ ㄷ ㄸ ㄹ ㅁ ㅂ ㅃ ㅅ ㅆ ㅇ ㅈ ㅉ ㅊ ㅋ ㅌ ㅍ ㅎ

모음자
ㅏ ㅐ ㅑ ㅒ ㅓ ㅔ ㅕ ㅖ ㅗ ㅘ ㅙ ㅚ ㅛ ㅜ ㅝ ㅞ ㅟ ㅠ ㅡ ㅢ ㅣ

받침
ㄱ ㄲ ㄳ ㄴ ㄵ ㄶ ㄷ ㄹ ㄺ ㄻ ㄼ ㄽ ㄾ ㄿ ㅀ ㅁ ㅂ ㅄ ㅅ ㅆ ㅇ ㅈ ㅊ ㅋ ㅌ ㅍ ㅎ

✏️ **아래 낱말을 국어사전에 실린 순서대로 쓰세요.**

(4) | 오리 파도 자세 여름 노래 |

고등어 → ☐ → ☐

☐ → ☐ → ☐

(5) | 별 병원 빵 버섯 바위 |

바다 → ☐ → ☐

☐ → ☐ → ☐

5 낱말의 기본형

1. 낱말에는 '이름을 나타내는 말', '움직임을 나타내는 말', '성질이나 상태를 나타내는 말' 등이 있습니다.
   - 이름을 나타내는 말: 동물, 하늘, 산
   - 움직임을 나타내는 말: 달리다, 가다, 먹다
   - 성질이나 상태를 나타내는 말: 많다, 높다, 예쁘다

2. '이름을 나타내는 말'은 글자 모양이 바뀌지 않기 때문에 사전에서 바로 그 낱말을 찾습니다.

3. '움직임을 나타내는 말'과 '성질이나 상태를 나타내는 말'은 문장 속에서 여러 모습으로 바뀝니다.
   예) 먹었다, 먹으니, 먹어서, 먹으면, 먹고
   이 낱말들이 모두 사전에 있지는 않습니다. 따라서 기본형을 찾아야 합니다.

4. 형태가 바뀌지 않는 부분에 '-다'를 붙여 기본형을 만듭니다.

	형태가 바뀌지 않는 부분	형태가 바뀌는 부분	기본형
가고 가니 가면	가	고 니 면	가다 바뀌지 않는 부분 + '-다'

✏️ 다음 낱말들을 형태가 바뀌는 부분이 있는 낱말과 형태가 바뀌는 부분이 없는 낱말로 알맞게 나누어 쓰세요.

> 묶다   공책   미끄럽다
> 슬프다   바나나   양말   웃다

(1) 형태가 바뀌는 부분이 있는 낱말

(2) 형태가 바뀌는 부분이 없는 낱말

✏️ 다음 낱말의 기본형을 빈칸에 쓰세요.

(3) 자니 자고 자서 자면 →

(4) 읽고 읽어 읽지 읽으면 →

(5) 없으니 없으면 없어서 →

(6) 밝으니 밝으면 밝아서 →

6 미-

> **미-(未)** : 낱말 앞에 붙어 '그것이 아직 되지 않은'의 뜻을 더해 줍니다.
> 예) 미- + 확정 → 미확정(아직 일이 확실하게 정해지지 않음)

✏️ 빈칸에 '미-'가 들어가는 낱말을 넣어 문장을 완성하세요.

(1) 경찰관은  사건을 풀기 위해서 바쁘게 돌아다녔어요.

* 아직 일이 처리되지 못함.

(2) 동생의 그림이 창고에 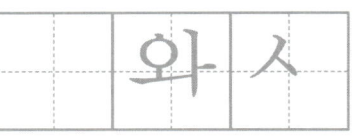 으로 남아 있어요.

* 일이나 작품 등이 아직 다 이루어지지는 않음.

(3) 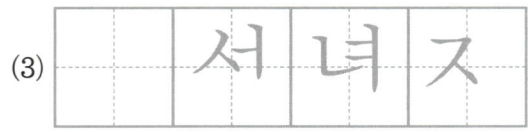 는 밤늦게까지 돌아다니면 위험해요.

* 아직 만 19세 이상이 되지 않은 사람.

(4) 삼촌은 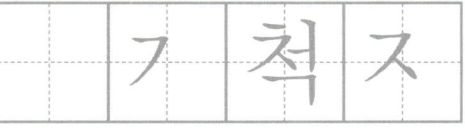 를 찾으러 멀리 떠나셨어요.

* 아직 개발하지 않은 땅.

7 원고지 쓰기

 다음 문장을 괄호 안의 횟수만큼 띄워서 원고지에 옮겨 쓰세요.

(1) 왠지내마음이텅빈것같았어.(6)

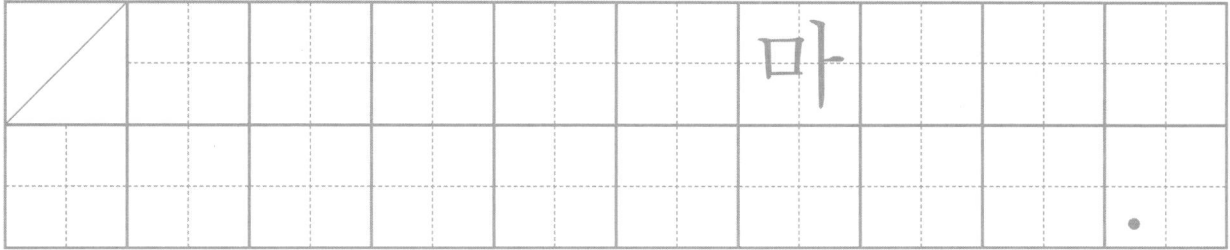

(2) 지연이는온종일행복해서쉴새없이웃었어요.(6)

(3) 그후사람들은달에도가보고싶어했어요.(7)

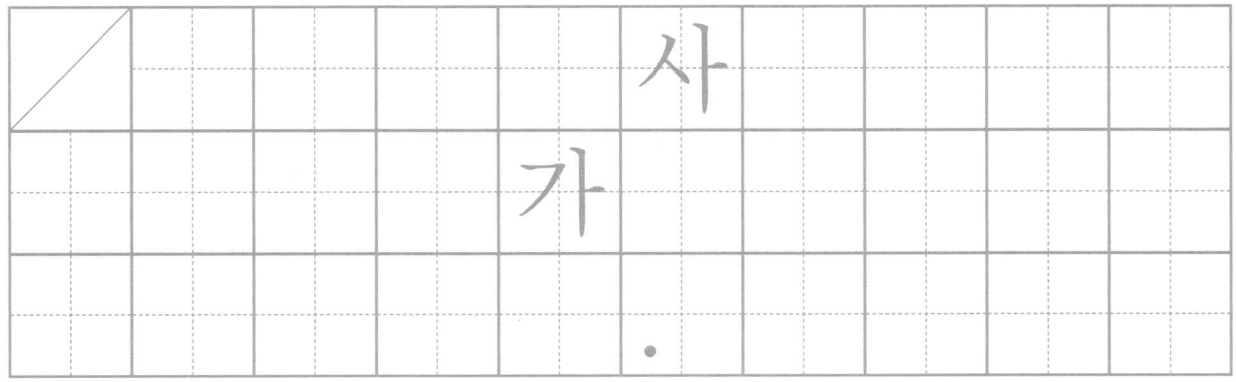

제11과 감상과 표현의 즐거움(1)

1 외래어

 외국에서 들어와 쓰이는 낱말을 '외래어'라고 합니다. 그림을 보고 문장에 어울리는 낱말을 빈칸에 쓰세요.

(1)  ┌─┬─┐
   │판│다│ 가 푸릇푸릇한 대나무를 먹어요.
   └─┴─┘

(2)  동생이 ┌─┬─┐
              │소│파│ 에 앉아서 책을 읽어요.
              └─┴─┘

(3)  재선이는 주말마다 ┌─┬─┬─┐
                        │바│게│트│ 를 사 먹어요.
                        └─┴─┴─┘

* 방망이처럼 기다란 프랑스빵. 껍질은 단단하고 속은 부드럽다.

(4)  민정이는 ┌─┬─┬─┐
                │인│라│인│ 스케이트를 잘 타요.
                └─┴─┴─┘

* 바닥에 작은 바퀴 네다섯 개가 한 줄로 달린 스케이트.

2 화재

✏️ 빈칸에 알맞은 낱말을 넣어 화재와 관계있는 문장을 완성하세요.

(1) 화재가 발생하면 ㅂ사ㅂ 을 눌러 주변 사람들에게 알려요.

　＊ 화재나 긴급한 상황을 알리기 위해, 소리가 나게 만든 장치.

(2) 여ㄱ 를 마시지 않도록 젖은 수건으로 코와 입을 막아요.

　＊ 무엇이 불에 탈 때 생겨나는 흐릿한 기체나 기운.

(3) 질서 있게 낮은 자세로 ㄷㅍ 해요.

　＊ 위험하거나 해를 입는 상황에 놓이지 않기 위해 잠시 피함.

(4) 화재로 ㅈ저 이 될 수 있으니 엘리베이터를 타면 안 돼요.

　＊ 전기가 끊어짐.

(5) 안전한 곳으로 피한 뒤 119에 ㅅㄱ 해요.

　＊ 일정한 사실을 국가 기관에 알림.

제 11 과　감상과 표현의 즐거움(1)　105

3 무슨 낱말일까요?

 [가]와 [나]에서 한 글자씩 골라 빈칸에 알맞은 낱말을 완성하세요.

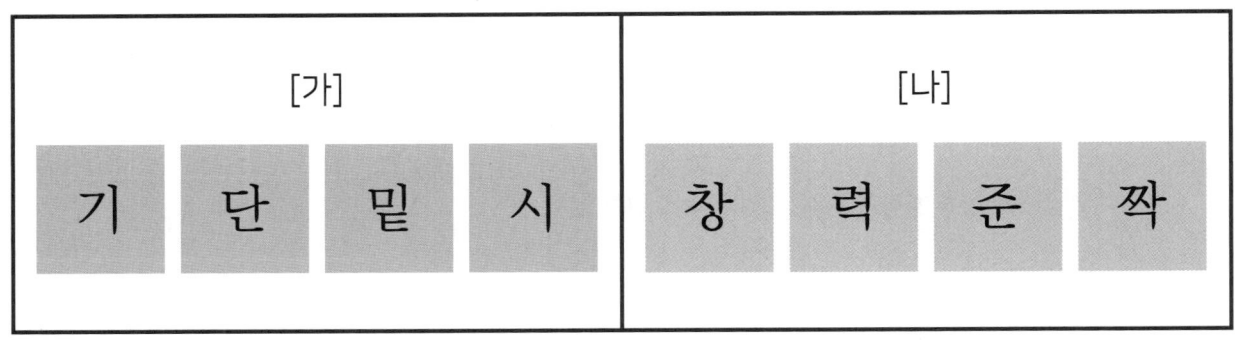

(1) 지은이와 혜원이는 1학년 때부터  친구였어요.

 * 서로 뜻이 맞거나 매우 친해 늘 함께 어울리는 사이.

(2) 신발을 오래 신었더니  이 많이 닳았어요.

 * 신발의 밑바닥 부분.

(3) 아름다움의  은 시대와 문화에 따라 달랐어요.

 * 무엇을 판단하거나 구별하는 데에 기본이 되는 원칙이나 수준.

(4) 대현이는  이 나빠서 교실 앞자리에 앉아요.

 * 눈으로 물체를 볼 수 있는 능력.

빈칸에 알맞은 낱말을 넣어 문장을 완성하세요.

(5) 체육 시간에 50m 달리기의  을 쟀어요.

　　* 운동 경기 등에서 세운 성적이나 결과를 숫자로 나타낸 것.

(6) 토끼는 구덩이에 빠져 곤란한  가 되었어요.

　　* 놓여 있는 사정이나 형편.　⑪ 상황

(7) 토론을 하던 중에 친구와 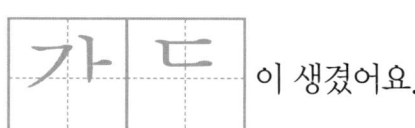 이 생겼어요.

　　* 서로 의견이 달라 부딪침.

(8) 서인이는 주말 약속이 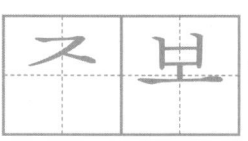 되어서 하나를 포기해야 했어요.

　　* 같거나 비슷한 것이 되풀이되거나 겹침.

(9) 우리는 밥을 먹어 에너지를 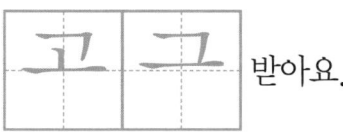 받아요.

　　* 물건이나 물질 등을 일정한 곳에 줌.　⑪ 제공

제 **11** 과　감상과 표현의 즐거움(1)

4 -기

-기(期) : 낱말 뒤에 붙어 '시기'의 뜻을 더해 줍니다.

예) 암흑 + -기 → 암흑기(지식, 문화 등이 이전보다 뒤떨어지고 세상이 어지러운 시기)

 빈칸에 '-기'가 들어가는 낱말을 넣어 문장을 완성하세요.

(1) 성장 에 있는 어린이는 잠을 충분히 자야 해요.

* 사람이 자라서 점점 커지는 시기.

(2) 형은 사춘 가 와서 목소리가 굵어졌어요.

* 육체적, 정신적으로 어른이 되어 가는 시기.

(3) 광개토 대왕은 영토를 넓히며 고구려의 전성 를 이끌었어요.

* 세력 등이 가장 활발한 시기.

(4) 언니는 환절 마다 감기에 걸려요.

* 계절이 바뀌는 시기.

5 꾸며 주는 말

✏️ 빈칸에 꾸며 주는 말을 알맞게 넣어 문장을 자세히 표현하세요.

(1) 지우는 인형을 껴안고 어머니 옆에 [바 짝] 누웠어요.

  * 매우 가까이 달라붙는 모양.

(2) 저녁에 맛있는 음식을 먹을 생각을 하니 [저 글] 웃음이 났어요.

  * 사람의 힘을 들이지 않고 자연적으로. '저절로'의 준말.

(3) 도현이는 마음에 들지 않으면 [아 예] 쳐다보지도 않아요.

  * 처음부터 완전히.

(4) 규진이는 버스를 타고 [무 사 히] 집으로 돌아왔어요.

  * 아무런 사고 없이 편안히.

(5) 우찬이는 [번 번 이] 학교에 늦게 와요.

  * 매 때마다.

6 무슨 뜻일까요?

✏️ 밑줄 친 낱말의 뜻을 찾아 번호를 쓰세요.

(1) 예림이는 <u>내심</u>으로 어머니께서 칭찬해 주시기를 바랐어요.　　(　　)

　　① 겉으로 드러나지 않은 실제의 마음.

　　② 꼭 이루어지기를 원하는 마음.

　　③ 밖으로 표현한 마음.

(2) 사탕을 꺼내자 <u>토라졌던</u> 동생이 슬며시 다가왔어요.　　(　　)

　　① 힘이 없어 축 늘어져 있던.

　　② 불만스러워 마음이 돌아섰던.

　　③ 배탈이 나 속이 좋지 않았던.

(3) 아버지께서 자전거를 탈 때 <u>유의할</u> 점을 알려 주셨어요.　　(　　)

　　① 배워서 익힐.

　　② 자연스럽게 알게 될.

　　③ 마음에 새겨 두어 조심하며 관심을 가질.

(4) 군인은 위험을 <u>무릅쓰고</u> 전쟁터로 달려 나갔어요.　　(　　)

　　① 그 뜻이나 가치를 인정하지 않거나 가볍게 생각하고.

　　② 어떤 일이나 책임을 남에게 넘기고.

　　③ 힘들고 어려운 일을 참고 견디고.

7 바르게 읽고 써요

움직임을 나타내는 말이나 성질·상태를 나타내는 말 뒤에, 추측을 나타내는 '-ㄹ걸'이나 약속·의지를 나타내는 '-ㄹ게' 등이 붙으면 'ㄱ'이 [ㄲ]으로 소리 납니다. 하지만 쓸 때에는 'ㄱ'으로 적습니다.

예) 예쁠걸 [예쁠껄], 할게 [할께]

✏️ **다음 문장 속 밑줄 친 부분을 [ ] 안에 소리 나는 대로 쓰세요.**

(1) 민규는 지금 배고플걸.   [   ]

(2) 이 자전거 내가 탈게.   [   ]

✏️ **다음 문장 속 밑줄 친 부분을 바르게 고쳐 쓰세요.**

(3) 학교에서 있었던 일 잊지 않을께.

(4) 아마도 이게 제일 유명한 빵일껄.

(5) 오늘은 집에 일찍 갈까.

제 11 과 감상과 표현의 즐거움(1)

제12과 감상과 표현의 즐거움(2)

1 수영

 다음 그림과 설명을 보고, 수영 종목의 이름을 알맞게 쓰세요.

(1)  개구리가 헤엄치듯, 엎드린 자세로 팔과 다리를 오므렸다가 펴는 수영 종목.

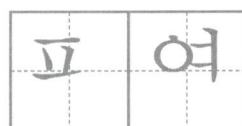

(2)  위를 향해 반듯이 누워 양팔을 번갈아 돌려 물을 밀치면서 두 발로 물장구를 치는 수영 종목.

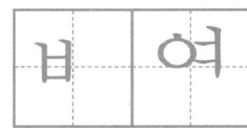

(3) 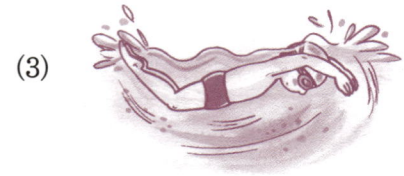 두 손을 동시에 앞으로 뻗어 물을 뒤로 밀고 양다리를 모아 위아래로 움직이는 수영 종목.

(4)  헤엄치는 방법에 제한이 없는 수영 종목.

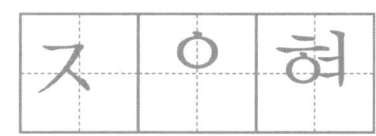

2 끝말잇기

✏️ 다음 뜻을 보고 알맞은 낱말을 넣어 끝말잇기를 하세요.

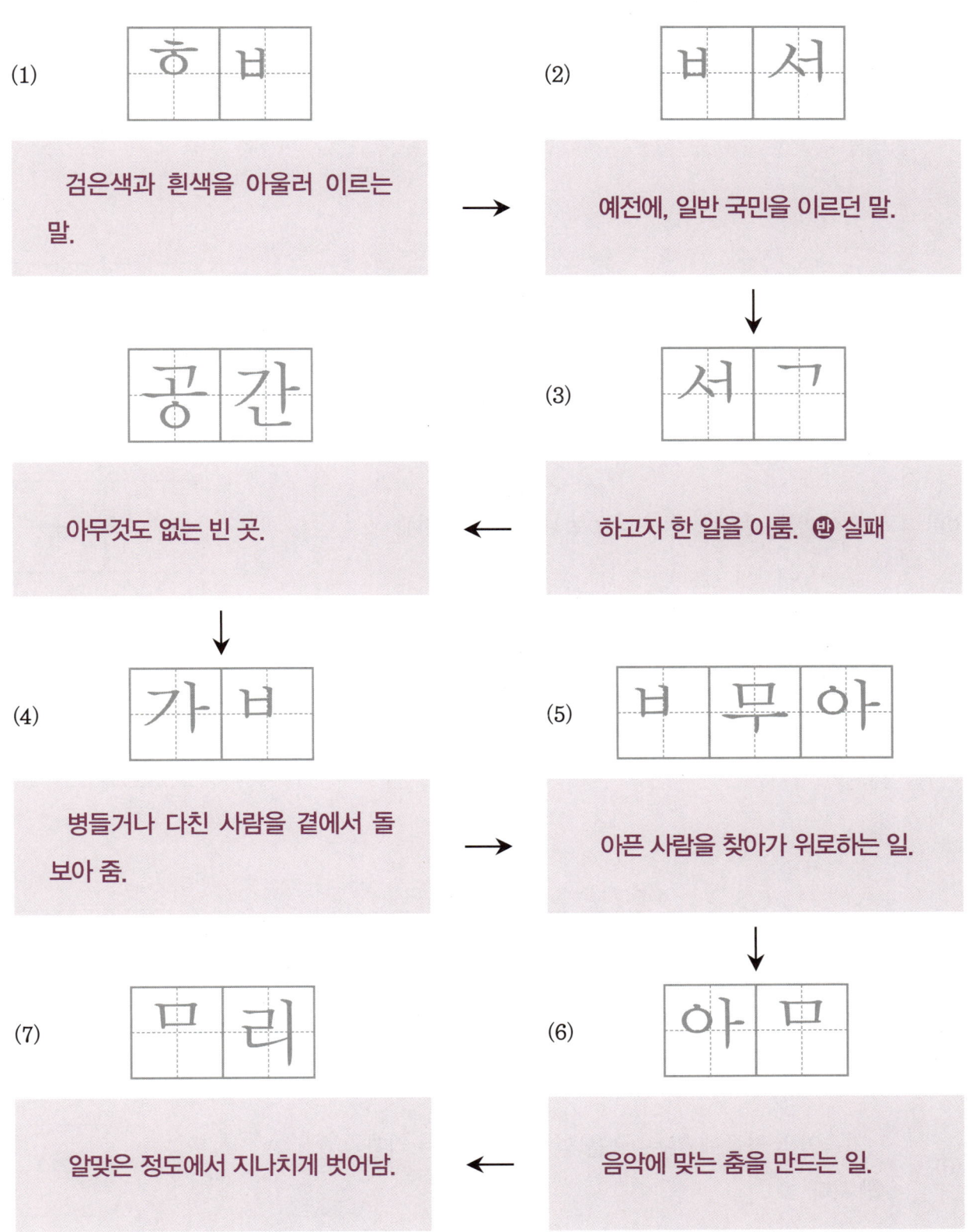

3 몸

✏️ 다음 설명을 읽고 몸과 관계있는 낱말을 빈칸에 쓰세요.

(1) 사람이나 동물의 운동을 담당하는 기관.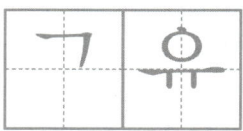

(2) 뼈와 뼈가 서로 맞닿아 연결되어 있는 곳. 🔴 뼈마디

(3) 입에 있는 음식물을 위장으로 내려보내는 기관.

(4) 숨을 쉴 때 공기가 지나가는 길.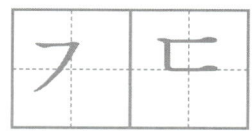

(5) 일부분이 오그라들었다 펴지는 운동을 하며 피를 몸 전체로 보내는 기관.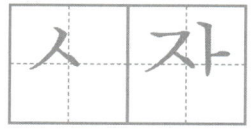

(6) 가슴안의 양쪽에 있는, 숨을 쉴 수 있게 하는 기관.
🔴 허파

4 같은 소리, 다른 뜻

✏️ 밑줄 친 낱말의 뜻을 찾아 번호를 쓰세요.

가리다
① 보이거나 통하지 못하도록 막다.
② 좋아하는 것만 골라서 먹다.

---

(1) 음식을 가려 먹으면 몸에 좋지 않아요. ( )

(2) 우리는 눈을 가리고 어떤 소리가 들리는지 집중했어요. ( )

긋다
① 어떤 부분을 강조하거나 나타내기 위해 줄을 그리다.
② 비가 잠시 그치다.

---

(3) 운동장에 선을 긋고 피구를 했어요. ( )

(4) 종수는 교실 안에서 비가 긋기를 기다렸어요. ( )

맞다
① 외부의 힘이 가해져 몸에 해를 입다.
② 사람이나 물건을 예의를 갖추어 받아들이다.
③ 어떤 대상의 맛, 온도, 습도 등이 적당하다.

---

(5) 어머니는 친구들을 반갑게 맞아 주셨어요. ( )

(6) 소민이는 유자차가 입맛에 맞아 두 잔이나 마셨어요. ( )

(7) 권투 선수는 상대방의 주먹에 맞고 쓰러졌어요. ( )

5 급식 시간

 다음 글 속 빈칸에 어울리는 낱말을 빈칸에 쓰세요.

급식 시간에 재현이가 (1) _____을 했어요. 그 모습을 보신 선생님은 반찬을 골고루 먹어야 다양한 (2) _____를 받아들일 수 있다고 말씀하셨어요. 그리고 콩과 같은 (3) _____과 오이, 피망 등의 (4) _____를 잘 먹으면 키도 크고 건강해진다고 덧붙이셨어요. 그래서 우리 반 아이들은 모두 (5) _____ 없이 반찬과 국을 싹싹 먹었어요.

(1) 어떤 특정한 음식만을 골라서 즐겨 먹음.

| ㅍ | ㅅ |

(2) 우리 몸에 필요한 영양분이 있는 물질.

| ㅇ | ㅇ | ㅅ |

(3) 사람의 식량이 되는 쌀, 보리, 콩 등을 통틀어 이르는 말.

| ㄱ | ㅁ |

(4) 밭에서 기르는 농작물. 주로 그 잎이나 줄기, 열매 등을 먹는다.

| ㅊ | ㅅ |

(5) 먹다가 그릇에 남긴 밥.

| ㅈ | ㅂ |

6 -하다

 빈칸에 '-하다'가 들어간 낱말을 알맞게 쓰세요.

(1) 친구가 제 마음을 몰라주어서 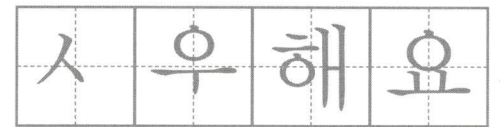 .

　　* 마음에 들지 않아 아쉽거나 섭섭한 느낌이 있어요.

(2) 좋다는 건지 싫다는 건지 희성이의 대답이 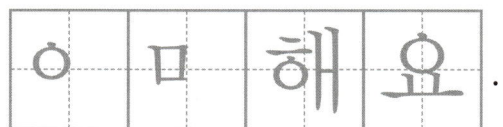 .

　　* 이것인지 저것인지 분명하지 않아요.

(3) 새로 전학 온 친구가 아직  .

　　* 잘 모르거나 친하지 않아 쑥스럽고 자연스럽지 못해요.

(4) 비가 곧 쏟아지려는지 하늘이  .

　　* 날씨나 분위기가 어두컴컴해요.

(5) 그림을 잘 그리는 동생이 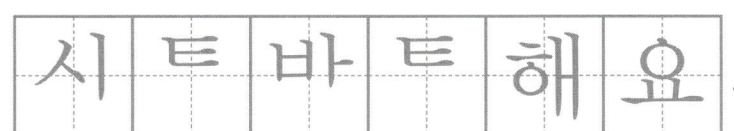 .

　　* 매우 자랑스럽고 칭찬해 줄 만해요.

7 비슷한말, 반대말

✏️ 밑줄 친 낱말의 비슷한말이나 반대말을 빈칸에 쓰세요.

(1) ┌ 혜란이는 가끔 혼자서 밥을 먹었어요.
    └ 호원이는 [비] 조 ㅈ 공원에서 산책해요.

(2) ┌ 그거 정말 좋은 생각이야.
    └ 대화할 때는 상대방의 [비] ㅇ 견 을 존중해야 해요.

(3) ┌ 아직 손난로에 온기가 남아 있어요.
    └ 이제 겨울이 되려는지 밤마다 [반] 한 ㄱ 가 느껴졌어요.

(4) ┌ 어떤 물체에서 전기가 밖으로 흘러나오는 현상을 '방전'이라고 해요.
    └ 오빠는 집에 오자마자 휴대 전화를 [반] 추 저 했어요.

(5) ┌ 봄에는 개나리가 피고 포근한 바람이 불어요.
    └ 벚꽃이 [반] ㅈ 고 무더운 날씨가 시작됐어요.

8 '양'과 '량'

> **양/량(量)** 수량, 무게, 부피 등의 정도를 나타내는 말.
>
> 이 낱말이 다른 낱말 뒤에 붙을 때, '양'과 '량'을 구분해서 적어야 합니다.
>
> - '양'을 쓰는 때: 고유어(우리말에 원래부터 있었거나 그것에 기초하여 새로 만들어진 낱말)나 외래어(외국에서 들어온 낱말) 뒤.
>   - 예) 쓰레기양(쓰레기量), 나트륨양(Natrium量)
> - '량'을 쓰는 때: 한자어 뒤.
>   - 예) 공부량(工夫量), 생산량(生産量)

✏️ 빈칸에 '양'과 '량'을 알맞게 넣어 낱말을 완성하세요.

(1) 구 름 ☐

(2) 운 동 ☐

(3) 커 피 ☐

(4) 증 가 ☐

(5) 국 물 ☐

(6) 에 너 지 ☐

9 원고지 쓰기

 다음 문장을 괄호 안의 횟수만큼 띄워서 원고지에 옮겨 쓰세요.

(1) 팔짱을끼채텔레비전을봤어요. (4)

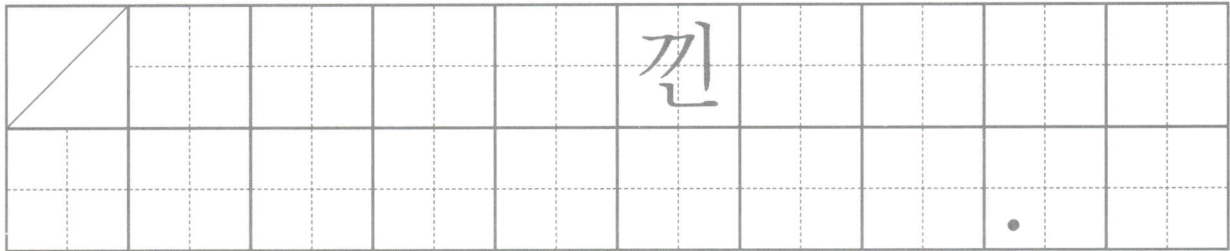

(2) 선호는온힘을다해집으로뛰어갔어요. (5)

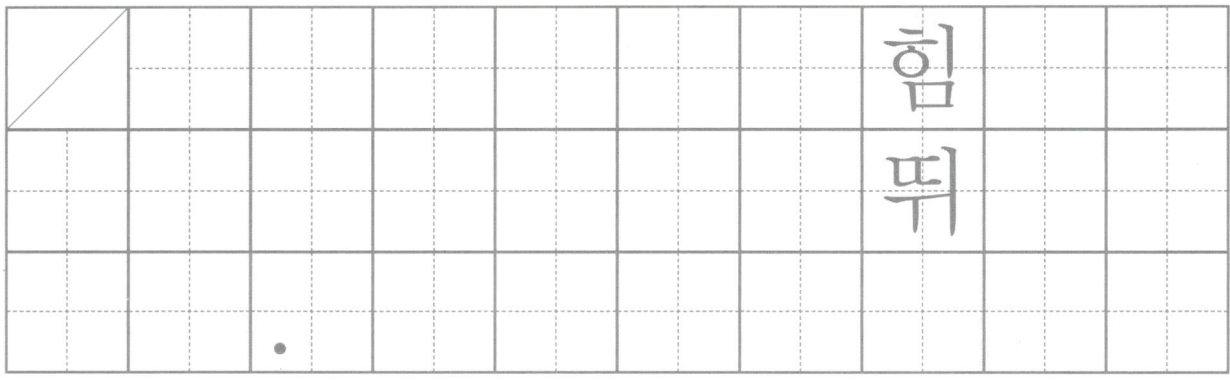

(3) 다함께달리면혼자달릴때보다힘이나는것같아. (9)

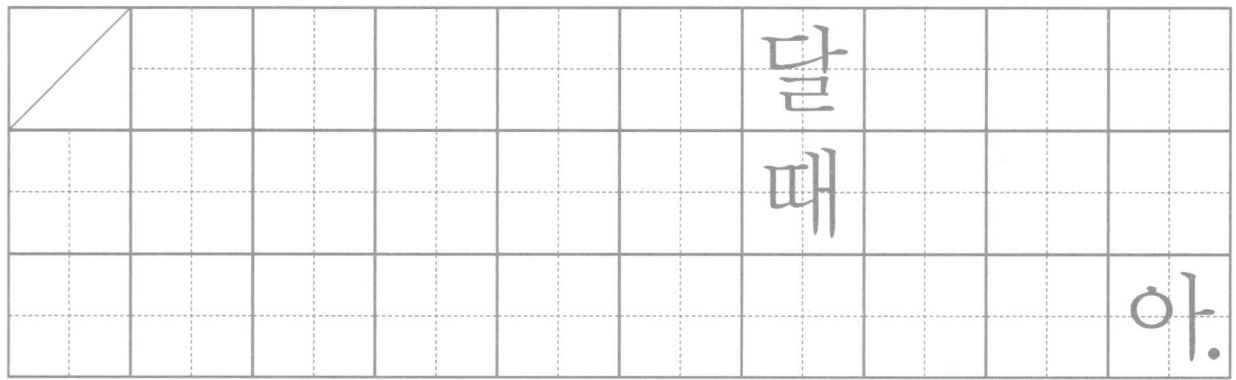

4차 개정판

어린이
훈민정음

기초 문법

띄어쓰기

발음

맞춤법

3-2

어린이 훈민정음 -2

정답과 해설

본 교재는 어휘력 향상을 위해 만들었지만, 문장 하나하나도 학습에 도움이 되도록 정성을 기울였습니다. 그러므로 교재에 나오는 예시 문장을 자세히 살펴 문장 학습을 하는 데에 이용하시기 바랍니다.

본 교재는 어휘력은 물론, 맞춤법과 발음, 띄어쓰기, 기초 문법, 원고지 사용법 등을 함께 다루고 있습니다.

독서 계획대로 차근차근 읽어요 5쪽

1. (1) 꽹과리
   (2) 징
   (3) 장구
   (4) 북

2. (1) 차례
   (2) 문단
   (3) 시집
   (4) 출판사
   (5) 머리말

3. (1) 들판
   (2) 양지
   (3) 음지
   (4) 물가
   (5) 마른땅
   (6) 산기슭

4. (1) 이삭
   (2) 가락
   (3) 야생
   (4) 무리
   (5) 화해

5. (1) 갈대
   (2) 억새
   (3) 수달
   (4) 해달
   (5) 사슴벌레
   (6) 장수풍뎅이

제1과 경험과 관련지으며 이해해요(1) 10쪽

1. (1) 전복
   (2) 소라
   (3) 미역
   (4) 다시마

2. (1) 묵직해요
   (2) 야속해요
   (3) 처량해요
   (4) 짜릿해요
   (5) 쫀득쫀득해요

3. (1) 창틀
   (2) 발견
   (3) 주제
   (4) 군침
   (5) 주의
   (6) 콧방귀
   (7) 오해
   (8) 헛발질
   (9) 풍경

⑽ 한지
⑾ 고유

4. (1) 사이
   (2) 마음속
   (3) 이야기
   (4) 무어야(무엇이야)
   (5) 머무르다
   (6) 고루고루

5. (1) 근력
   (2) 체력
   (3) 집중력
   (4) 면역력
   (5) 협동심

6. (1) 영화
   (2) 합창
   (3) 편지
   (4) 물놀이

7. (1) 팀
   (2) 숏
   (3) 골
   (4) 패스
   (5) 파울

> (4) 패스(pass)와 (5) 파울(foul)에서, 'P'와 'F'를 우리말로 쓸 때에 모두 'ㅍ'으로 적는다.

8.

(1)이	(2)해			(9)향
	(3)산	꼭	(6)대	기
(4)민	물		중	
소		(7)장	가	
(5)매	력		(8)요	청

제2과 경험과 관련지으며 이해해요(2) 19쪽

1. (1) 관광지
   (2) 출발지
   (3) 거주지
   (4) 출생지

2. (1) 환자
   (2) 박사
   (3) 장인
   (4) 원예사

3. (1) 방학
   (2) 보름
   (3) 이튿날
   (4) 당분간
   (5) 조만간

> (3) 이튿날은 '이틀'과 '날'이 합쳐져 만들어진 낱말이다.

4. (1) 너머
   (2) 넘어
   (3) 던지
   (4) 든지, 든지
   (5) 띄지
   (6) 띤

5. (1) 듬뿍
   (2) 문득
   (3) 빙그레
   (4) 저마다
   (5) 슬그머니

6. (1) 식물
   (2) 정리해
   (3) 간지럽게

(4) 바쁘게
(5) 둘러싸고

7. (1) 새싹
   (2) 고장
   (3) 솔직하게
   (4) 뽐냈어요
   (5) 여기고

8. (1) 봤대
   (2) 부숴
   (3) 며칠
   (4) 으스대요
   (5) 나지막한
   (6) 우스꽝스러워

> (1) '봤대'의 '-대'는 '-다고 해'가 줄어든 말이다.
> (2) 부시다: 그릇 등을 씻어 깨끗하게 하다. '부시고', '부시어(부셔)' 등으로 쓰인다.
> 부수다: 단단한 물체를 여러 조각이 나게 두드려 깨뜨리다. '부수고', '부수어(부숴)' 등으로 쓰인다.
> 여기서는 답란이 두 칸이므로 '부숴'라고 쓴다.

9. (1)

| | 같 | 은 | | 말 | 을 | | 세 | | 번 |
| 째 | | 하 | 고 | | 있 | 어 | 요 | . | |

(2)

	재	훈	이	는		잘	못	을	
바	로	잡	아	야	겠	다	고		마
음	속	으	로		생	각	했	어	요.

(3)

	이		상	자		속	에		들
어		있	는		음	식	은		씹
을	수	록		단	맛	이		나	요.

> (2) '마음속'은 '마음'과 '속'이 결합한 합성어다.
> (3) '마음속'과 같이 합성어가 된 낱말을 제외하면 '속'은 '상자 속'과 같이 앞말과 띄어 쓴다.
> -ㄹ수록: 앞말의 어떤 정도가 그렇게 더해 가는 것이, 뒷말의 어떤 정도가 더하거나 덜하게 되는 조건이 됨을 나타내는 말.

제3과 유창하게 읽고 발표해요(1) 28쪽

1. (1) 잼
   (2) 피자
   (3) 케이크
   (4) 스테이크
   (5) 즙
   (6) 국
   (7) 찌개
   (8) 잡채
   (9) 김자반
   (10) 생선구이
   (11) 계란말이

2. (1) 허둥지둥
   (2) 터덜터덜(터덕터덕)
   (3) 살랑살랑
   (4) 소복소복
   (5) 하롱하롱
   (6) 벌컥
   (7) 불쑥
   (8) 차차
   (9) 달랑
   (10) 울컥
   (11) 빼꼼

3. (1) ②
   (2) ①
   (3) ①

(4) ②
(5) ③
(6) ②
(7) ①

4. (1) 막대
 (2) 짧은
 (3) 대단하고
 (4) 화난
 (5) 아름다운

5. (1) 병균
 (2) 위생
 (3) 공해
 (4) 오염
 (5) 진드기
 (6) 고열
 (7) 두통
 (8) 설사
 (9) 구토
 (10) 통증

6. (1) 서까래
 (2) 도리
 (3) 들보
 (4) 기둥

제4과 유창하게 읽고 발표해요(2) 37쪽

1. (1) 논
 (2) 돌담
 (3) 울타리
 (4) 가로수

2. (1) 띠
 (2) 품새(품세)
 (3) 예절
 (4) 수련
 (5) 겨루기
 (6) 앞서기
 (7) 주춤서기
 (8) 옆 차기
 (9) 돌려차기

(8) '옆 차기'는 교과서와 표준국어대사전에도 띄어 쓰게 되어 있어 문제와 정답에서도 띄어 썼다.

3. (1) 제법
 (2) 틈틈이
 (3) 마침내
 (4) 부리나케
 (5) 난데없이

4. (1) 연도
 (2) 낚아채
 (3) 움츠리고
 (4) 부스스한
 (5) 삼키다시피
 (6) 불그스름해

(1) 한자의 음대로 쓰면 '년도(年度)'가 맞지만, '연도'라고 적는다.
 한자음 '녀, 뇨, 뉴, 니'가 단어 첫머리에 올 적에는, 두음 법칙에 따라 '여, 요, 유, 이'로 적는다.
 예 졸업 연도, 탄생 연도

두음 법칙: 일부 소리가 단어의 첫머리에 발음되는 것을 꺼려 나타나지 않거나 다른 소리로 발음되는 일. 'ㅣ, ㅑ, ㅕ, ㅛ, ㅠ' 앞에서의 'ㄹ'과 'ㄴ'이 없어지고, 'ㅏ, ㅗ, ㅜ, ㅡ, ㅐ, ㅔ, ㅚ' 앞의 'ㄹ'은 'ㄴ'으로 변한다.

해를 뜻하는 말 뒤에서는 '년도'와 같이 쓰인다.
 예 2025년도, 2030년도

(4) '부시시하다', '으시시하다'로 쓰기도 하지만 이는 잘못된 표기다. '부스스하다', '으스스하다'로 써야 한다.

(5) -다시피: 어떤 동작이나 상태에 가까움을 나타내는 말.

5. (1) 엉터리
   (2) 불호령
   (3) 은박
   (4) 심호흡
   (5) 왕진
   (6) 유행
   (7) 미신
   (8) 상식
   (9) 급증해요
   (10) 유선
   (11) 오방색

6. (1) ③
   (2) ①
   (3) ③
   (4) ②

> 문제의 오답 풀이
> (2) ② 시치미 뗐어요
> (4) ③ 예민해서

7. (1)

| | 가 | 만 | 히 | | 두 | 면 | | 저 | 분 |
| 들 | | 큰 | 일 | | 내 | 시 | 겠 | 어 | 요. |

(2)

	마	녀	는		공	주	를		돌
보	기	는	커	녕		쫓	아	낼	
생	각	만		했	어	요.			

(3)

	그	건		생	일		선	물	이
라	고		하	기	에	는		너	무
나		보	잘	것	없	었	어	요.	

> 낱말들이 붙어 쓰이다 보면 한 낱말로 인정되기도 한다. 이런 낱말을 합성어라고 부른다.
> (1) 저+분 → 저분, 큰+일 → 큰일
> (3) 그+거 → 그거
>   보자+할+것+없다 → 보잘것없다
> (2) 'ㄴ(은, 는)'과 '커녕'이 결합하여 만들어진 'ㄴ커녕(은커녕, 는커녕)'은 조사로, 앞말과 붙여 쓴다. 앞말은 말할 것도 없고, 앞말보다 못한 뒷말조차 부정하는 뜻으로 쓰인다.
> 예 밥은커녕 물도 한 잔 못 먹었다.

제5과 정확하게 글을 써요(1) 46쪽

1. (1) 감염병
   (2) 전염병
   (3) 성인병
   (4) 냉방병
   (5) 열사병

2. (1) 목적
   (2) 가운데
   (3) 이해
   (4) 출처
   (5) 점검

3. (1) 그러나
   (2) 그리고
   (3) 그래서
   (4) 그래서
   (5) 그리고
   (6) 그러나
   (7) 그리고
   (8) 그래서
   (9) 그러나

4. (1) 수면
   (2) 부상

(3) 도로
(4) 익혀

5. (1) 살
(2) 이
(3) 미리
(4) 처음
(5) 따로

6. (1) 시선
(2) 증상
(3) 이상
(4) 다수
(5) 배출

7. (1) 자칫
(2) 마주
(3) 널리
(4) 한결
(5) 가지런히

8. (1) 왠지
(2) 붓고
(3) 노폐물
(4) 재채기
(5) 문지르며
(6) 으슬으슬

> (2) 붇다: ① 물에 젖어서 부피가 커지다.
> 예 라면이 퉁퉁 <u>붇다</u>.
> ② 수나 양이 많아지다.
> 예 비가 많이 와서 강물이 <u>붇다</u>.
> 붓다: 살가죽이나 어떤 기관이 부풀어 오르다.
> 예 울어서 눈이 퉁퉁 <u>붓다</u>.
> (6) '으실으실'은 '으슬으슬'의 비표준어다.

제6과 정확하게 글을 써요(2) 55쪽

1. (1) 공연
(2) 무대
(3) 배우
(4) 대사
(5) 극본

2. (1) 파일
(2) 버튼
(3) 블로그
(4) 플러그
(5) 콘크리트

3. (1) 안전모
(2) 승강기
(3) 모둠전원꽂이
(4) 도표
(5) 비법

> (3) '모둠전원꽂이'는 표준국어대사전에는 없는 낱말이다. 하지만 국립국어원에서 '멀티탭(multi-tap)'의 다듬은 말로 '모둠전원꽂이'를 제시하였고, 교과서에도 '모둠전원꽂이'로 실려 문제로 다루었다.
> ※ 국립국어원 누리집에서 여러 다듬은 말을 찾아볼 수 있다.

4. (1) 안내
(2) 착용
(3) 기념
(4) 작동
(5) 해소
(6) 여분
(7) 반포
(8) 달인
(9) 처방
(10) 합선

(11) 국제 연합

5. (1) 덮고
　(2) 들여
　(3) 조이고
　(4) 살피며
　(5) 마무리해

6. (1) ②
　(2) ①
　(3) ①
　(4) ②
　(5) ③
　(6) ②
　(7) ①

7. (1) 과열될
　(2) 꾸준히
　(3) 충분히
　(4) 꼼꼼히
　(5) 참고하려고

8. (1)

	도	서	관	은		이		건	물	∨
몇		층	에		있	나	요	?		

(2)

	두		명		중		한		명
만		문	제	를		맞	혀	도		
선	물	을		받	아	요	.			

(3)

	물	놀	이	를		할		때	에
는		몇		가	지		약	속	을	∨
꼭		지	켜	야		해	요	.		

매체 온라인 상황에서 글을 써요　64쪽

1. (1) 댓글
　(2) 공유
　(3) 게시판
　(4) 누리집
　(5) 그림말

> (4) '누리집'은 '홈페이지(homepage)'의 다듬은 말이다.
> (5) '그림말'은 '이모티콘(emoticon)'의 다듬은 말이다.
> ※ 국립국어원 누리집에서 여러 다듬은 말을 찾아볼 수 있다.

2. (1) 한복
　(2) 절구
　(3) 떡메
　(4) 투호

3. (1) 후기
　(2) 공감
　(3) 공개
　(4) 초상권
　(5) 기자단
　(6) 한마당
　(7) 찢어
　(8) 신중하게
　(9) 생생하게
　(10) 황홀해요
　(11) 개인 정보

제7과 서로 존중하며 대화해요(1)　68쪽

1. (1) 점원
　(2) 부하
　(3) 손주

(4) 사범

(5) 사회자

2. (1) 장사

(2) 사전

(3) 학원비

(4) 비현실

(5) 실천

(6) 천재

(7) 재활용

3. (1) 모시고

(2) 가십니다(가세요)

(3) 도착했어요

(4) 할아버지께

(5) 고마워요(고맙습니다)

(6) 말씀을, 하세요(하셔요)

(7) 주문하신, 나왔습니다

(8) 댁으로, 돌아가시는

(9) 이모, 이 책 다 읽으셨어요?

(10) 선생님께서 저에게 질문을 하셨어요.

(11) 할아버지께서 쿨쿨 주무시고 계세요.

(12) 할머니, 배고프실 텐데 얼른 진지 드세요(잡수세요).

(13) 저는 아버지께 이모부의 성함을 여쭈어(여쭤, 여쭈워) 보았어요.

(14) 이것은 저희가 어머니께 드리려고 만든 선물이에요.

> (3) 이 문장은 두 문장이 합쳐져 만들어졌다.
> ① 할머니께서(가) 택배를 보내셨어요(보냈어요).
> ② 택배가 도착했어요.
> 여기에서, 높임 표현을 사용할 대상은 '할머니'이므로, 조사 '가' 대신 '께서'를 쓰고, '보낸'에 높임 표현 '-(으)시'를 붙인다. '택배'는 높임의 대상이 아니므로 높이지 않는다.
>
> (7) 이 문장도 두 문장이 합쳐져 만들어졌다.
> ① 손님께서 음료를 주문하셨어요(주문했어요).
> ② 음료가 나왔어요.

> 높일 대상은 '손님'이므로, '주문한'에 높임 표현 '-(으)시'를 붙여야 한다. '음료'는 높임의 대상이 아니므로 높이지 않는다.
>
> (13) '묻다'의 높임말로 '여쭈다', '여쭙다' 모두 쓸 수 있다.
> 여쭈(다)-+-어 → 여쭈어(여쭤)
> 여쭙(다)-+-어 → 여쭈워
>
> (14) 이 문장은 세 문장이 합쳐져 만들어졌다.
> ① 이것은 선물이에요.
> ② 저희(우리)가 이것을 만들었어요.
> ③ 저희(우리)가 어머니께(에게) 이것을 드려요(주어요).
> 이렇게 여러 문장이 합쳐질 때에는 같은 말(밑줄, 음영)은 최소화하여 나타난다.
> 위 문장에서, 높여야 할 대상은 '어머니'이므로 '에게' 대신 '께', '주다' 대신에 '드리다'를 쓴다. '선물'은 높일 대상이 아니므로 높이지 않는다. 마지막으로, 말하는 사람이 '요'를 사용하여 듣는 사람을 높이고 있으므로, '우리'를 '저희'로 낮추어 나타내야 한다.

4. (1) ②

(2) ③

(3) ①

(4) ②

> 문제의 오답 풀이
> (1) ① 사랑해요
> (2) ① 히죽대며
> (3) ② 비난하지, ③ 강요하지
> (4) ① 애처로운, ③ 당황스러운

5. (1) 마트

(2) 메뉴

(3) 글러브

(4) 스케치북

(5) 아메리카노

> (5) '아메리카노(americano)'는 표준국어대사전에는 없는 낱말이다. 그러나 교과서에 실려 문제로 다루었다.

6. (1) 물론

(2) 이왕
(3) 마침
(4) 만날
(5) 아마

7.

	⁽¹⁾말		⁽⁷⁾비	⁽⁶⁾판
⁽²⁾분	투			매
리			⁽⁵⁾회	원
배		⁽⁴⁾성	의	
⁽³⁾출	판	사		

제8과 서로 존중하며 대화해요(2)   77쪽

1. (1) 공공장소
   (2) 공손한
   (3) 주제
   (4) 소외감
   (5) 통화

2. (1) 수군거려요
   (2) 머뭇거려요
   (3) 힐끔거려요
   (4) 우쭐거려요
   (5) 뭉그적거려요

3. (1) 구두
   (2) 인상
   (3) 모의
   (4) 사례

4. (1) 이참
   (2) 호통
   (3) 모둠
   (4) 할인
   (5) 엉망
   (6) 권투
   (7) 발끈하지
   (8) 퉁명스레
   (9) 솔선수범
   (10) 공공 기관

5. (1) 벌떡
   (2) 와락
   (3) 붕붕
   (4) 싹싹
   (5) 지그시
   (6) 부들부들
   (7) 절레절레
   (8) 속닥속닥
   (9) 꼬박꼬박

6. (1) 외투
   (2) 맞은편
   (3) 매진되어
   (4) 배웅
   (5) 낯설어요

7. (1)

∕	내		말	을		못		들	은	∨
척		무	시	하	지		마	.		

(2)

∕	승	재	뿐		아	니	라		효
수	까	지		내	게		거	짓	말
을		할		줄	은		몰	랐	어 .

(3)

∕	상	우	는		그	림	을		잘	∨
그	릴		뿐		아	니	라		노	
래	도		잘		불	러	요	.		

(1) '척'은 '그럴듯하게 거짓으로 꾸민 태도'라는 뜻으로, 앞말과 띄어 쓴다.

(2), (3) '뿐'은 붙여 쓰는 때와 띄어 쓰는 때가 다르다. 사물의 이름, 수를 나타내는 낱말이 앞에 올 때에는 붙여 쓴다.
예 남은 건 이것 하나뿐이야.
그러나 '그릴'처럼 '-ㄹ(을)'로 끝나는 꾸미는 말이 앞에 올 때에는 띄어 쓴다.
예 나는 그저 주는 대로 먹을 뿐이야.

제9과 사전으로 여는 세상(1) 86쪽

1. (1) 나뭇잎, 나비, 나사, 나이, 나침반, 나팔꽃 등
   (2) 자동차, 자리, 자신, 자유, 자전거, 자판기 등
   (3) 개나리, 다리, 병아리, 사다리, 오리, 잠자리 등

2. (1) 깨다 — 아기가 잠에서 ( ).
   (2) 막다 — 손으로 귀를 ( ).
   (3) 깎다 — 사과 껍질을 ( ).
   (4) 흐르다 — 눈에서 눈물이 ( ).
   (5) 제작하다 — 나무로 의자를 ( ).

3. (1) 맛있어
   (2) 맛있으면, 동그래
   (3) 동그라면, 달아
   (4) 달면, 까매

4. (1) 축구공, 인형, 물
   (2) 앉다, 뛰다, 잡다
   (3) 파랗다, 차갑다, 귀엽다

5. (1) 탐험
   (2) 행성
   (3) 성과
   (4) 윤곽
   (5) 답사
   (6) 분야
   (7) 해류
   (8) 수온
   (9) 분포
   (10) 길잡이
   (11) 깃들어

6. (1) 내내
   (2) 펄쩍
   (3) 양껏
   (4) 살포시
   (5) 알알이

7. (1) 진심
   (2) 의심
   (3) 결심
   (4) 공포심
   (5) 호기심
   (6) 자부심

8. (1) 건강
   (2) 쉬는
   (3) 발전
   (4) 반복해서
   (5) 땅속

제10과 사전으로 여는 세상(2) 95쪽

1. (1) 유럽
   (2) 아시아
   (3) 아프리카
   (4) 남아메리카

(3) 지도상으로는 북아메리카 대륙이 두 번째로 큰 대륙으로 보이지만 실제로는 아프리카가 두 번째로 크다. 공처럼 둥근 모양의 지구를, 적도를 중심으로 하여 평면으로 나타내다 보니 북아메리카가 더 커 보이는 것뿐이다.

움직임을 나타내는 말과 성질·상태를 나타내는 말은 어간(활용할 때에 변하지 않는 부분)에 다양한 어미(변하는 부분)가 결합하여 문장에서 여러 모습으로 쓰인다.

이때 어간의 모습이 변하는 낱말도 있다.
예) 듣다 – 듣고, 들으니, 들어
   흐르다 – 흐르고, 흐르니, 흘러
   낫다 – 낫고, 나은, 나아
   아름답다 – 아름답고, 아름다운, 아름다워

2. (1) 늪
   (2) 육지
   (3) 계곡
   (4) 정글
   (5) 남극
   (6) 해저

3. (1) 핏줄
   (2) 잔칫집
   (3) 부챗살
   (4) 마룻바닥

4. (1)

바	첫 자음자	ㅂ		람	첫 자음자	ㄹ
	모음자	ㅏ			모음자	ㅏ
	받침				받침	ㅁ

   (2) ㄱ → ㅏ → ㅇ
   (3) ㅈ → ㅏ → ㅇ → ㅕ → ㄴ
   (4) 노래 → 여름 → 오리 → 자세 → 파도
   (5) 바위 → 버섯 → 별 → 병원 → 빵

5. (1) 묶다, 미끄럽다, 슬프다, 웃다
   (2) 공책, 바나나, 양말
   (3) 자다
   (4) 읽다
   (5) 없다
   (6) 밝다

6. (1) 미해결
   (2) 미완성
   (3) 미성년자
   (4) 미개척지

7. (1) 왠지 내 마음이 텅 빈 것 같았어.

   (2) 지연이는 온종일 행복해서 쉴 새 없이 웃었어요.

   (3) 그 후 사람들은 달에도 가 보고 싶어 했어요.

(1) '것'은 앞말과 띄어 쓴다.
(2) '온종일'은 '아침부터 저녁까지 내내'를 뜻하는 한 낱말이므로 붙여 쓴다.
'새'는 '사이'의 준말이다.
(3) '그 후'는 '그'가 '후'를 꾸며 주는 말이기 때문에 띄어 적는다.
하지만 '이후'는 '기준이 되는 때를 포함하여 그보다 뒤라는 뜻을 가진 한 낱말이므로 붙여 써야 한다.

제11과 감상과 표현의 즐거움(1) 104쪽

1. (1) 판다
   (2) 소파
   (3) 바게트
   (4) 인라인스케이트

2. (1) 비상벨
   (2) 연기
   (3) 대피
   (4) 정전
   (5) 신고

3. (1) 단짝
   (2) 밑창
   (3) 기준
   (4) 시력
   (5) 기록
   (6) 처지
   (7) 갈등
   (8) 중복
   (9) 공급

4. (1) 성장기
   (2) 사춘기
   (3) 전성기
   (4) 환절기

5. (1) 바짝
   (2) 절로
   (3) 아예
   (4) 무사히
   (5) 번번이

6. (1) ①
   (2) ②
   (3) ③
   (4) ③

> 문제의 오답 풀이
> (3) ① 학습할
> (4) ① 무시하고, ② 떠밀고

7. (1) [배고플껄]
   (2) [탈께]
   (3) 않을게
   (4) 빵일걸
   (5) 갈게

제12과 감상과 표현의 즐거움(2) 112쪽

1. (1) 평영
   (2) 배영
   (3) 접영
   (4) 자유형

> (4) '자유형'을 '자유영'이라고도 한다. 하지만 교과서에 '자유형'이라고 실려 있어 문제에서도 '자유형'으로 다루었다.

2. (1) 흑백
   (2) 백성
   (3) 성공
   (4) 간병
   (5) 병문안
   (6) 안무
   (7) 무리

3. (1) 근육
   (2) 관절
   (3) 식도

(4) 기도

(5) 심장

(6) 폐

4. (1) ②

(2) ①

(3) ①

(4) ②

(5) ②

(6) ③

(7) ①

5. (1) 편식

(2) 영양소

(3) 곡물

(4) 채소

(5) 잔반

6. (1) 서운해요

(2) 애매해요

(3) 어색해요

(4) 우중충해요

(5) 신통방통해요

7. (1) 종종

(2) 의견

(3) 한기

(4) 충전

(5) 지고

8. (1) 구름양

(2) 운동량

(3) 커피양

(4) 증가량

(5) 국물양

(6) 에너지양

(1) 구름, (5) 국물은 고유어, (3) 커피(coffee), (6) 에너지(energy)는 외래어이므로 그 낱말 뒤에 '양'을 쓴다.
(2) 운동(運動), (4) 증가(增加)는 한자어이므로 그 낱말 뒤에 '량'을 쓴다.

9. (1)

| | 팔 | 짱 | 을 | | 낀 | | 채 | | 텔 |
| 레 | 비 | 전 | 을 | | 봤 | 어 | 요 | . | |

(2)

	선	호	는		온		힘	을	
다		해		집	으	로		뛰	어	갔
어	요	.							

(3)

	다		함	께		달	리	면	
혼	자		달	릴		때	보	다	
힘	이		나	는		것		같	아	.

(1) 채: 있는 상태 그대로 있다는 뜻을 나타내는 말. 앞말과 띄어 쓴다.
(2) 온: '전부의', '모두의'의 뜻을 나타내는 말. 뒷말과 띄어 쓴다.
예 온 세상, 온 국민
하지만 다른 낱말과 결합하여 한 낱말이 된 말도 있다.
예 온종일, 온몸